Ergänze die fehlenden Buchstaben. Die Buchstaben in den nummerierten Feldern verraten dir, was aus der Abc-Raupe wird, wenn sie groß ist.

1	2	3	4	5	T	6	E	7	8	9	10	11

Was siehst du hier? Schreibe die Nachbarbuchstaben in die leeren Kästen. Male dann die Felder in den richtigen Farben aus.

	E			U			B	
	L			Y			O	

Ordne die Wörter in jeder Zeile alphabetisch. Trage 1 bis 5 ein.

Ast	Berg	Dose	Brot	Baum
1				
Gast	Foto	Heft	Esel	Hose
Luft	Mut	Igel	Junge	Kran
Nest	Nadel	Rose	Ofen	Palme
Ufer	Saft	Zebra	Weg	Turm

Was siehst du hier? Verbinde die Punkte nach der alphabetischen Reihenfolge der Wörter von A bis Z.

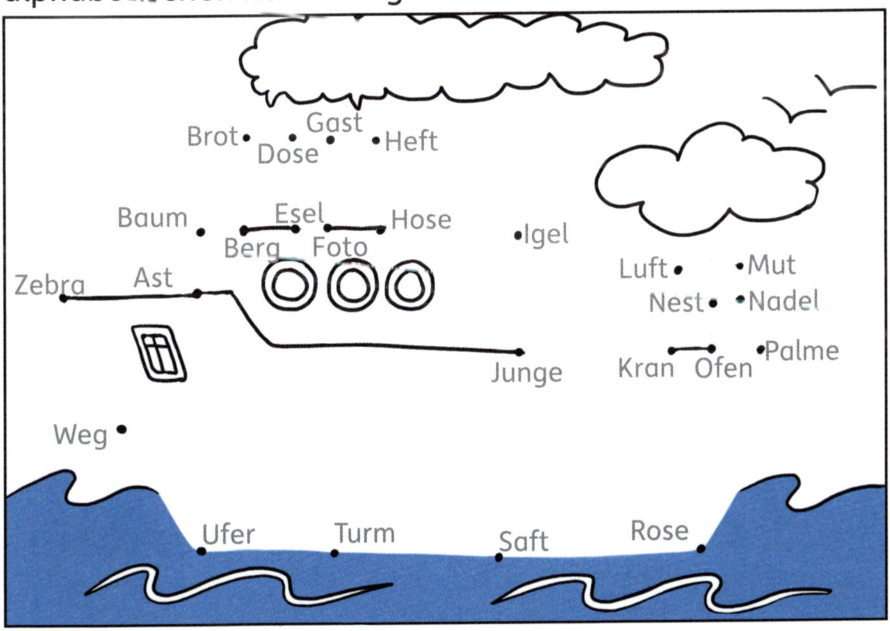

Was siehst du hier? Schreibe die Wörter alphabetisch in die Zeilen und verbinde auch die Bilder mit einem Lineal nach dem Alphabet.

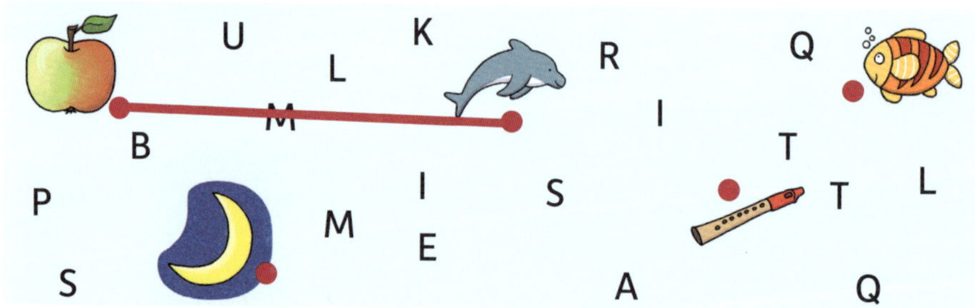

Apfel,

Sammle die Buchstaben, durch die deine Linien gehen, der Linie nach ein. Schreibe sie in die Kästchen.
Mit welchem Buchstaben endet **das Alphabet**?

M _ _   _ _ _ _ _   _ .

A, E, I, O, U – verändere in jedem Wort nur einen Vokal und du erhältst ein neues Nomen. Schreibe es jeweils in die zweite Zeile. Verbinde mit dem passenden Bild.

H	O	S	E

K	U	G	E	L

W	A	N	D

M	U	N	D

N	A	D	E	L

Füge alle Vokale ein und finde das Lösungswort.

		N	K			F	S	K		R	B

Was hast du geschrieben? Kreise das passende Bild ein.

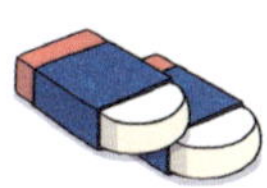

Sprich die Wörter zu den Bildern. Klatsche die Silben dazu.
Zeichne dann für jede Silbe einen Silbenbogen darunter.

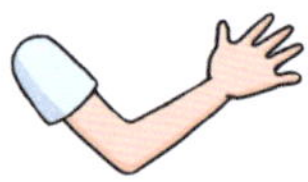

Wie viele Silbenbögen siehst du jetzt insgesamt? Kreuze an.

- ◯ 23
- ◯ 18
- ◯ 15
- ◯ 9

Die erste Zeile enthält Wörter mit einer Silbe, die zweite Zeile enthält Wörter mit zwei Silben und so weiter. Doch in jede Zeile hat sich ein Fehler eingeschlichen. Kreise jeweils das falsche Wort ein.

Brot Senf Pilze Keks Salz

Tiger Affe Zebra Löwe Regenwurm

Insel Matrose Rettungsring Kapitän Segelboot

Gartenmöbel Regenbogen Gummistiefel Mütze Sonnenbrille

Sommerferien Pflaumenbaumzweige Mundharmonika Apfelsine

Schreibe die falschen Wörter untereinander hier auf.

Schreibe die Anfangsbuchstaben der Wörter von oben bis unten in die Kästchen.

Wie viele Silben haben die Wörter? Verbinde jedes Bild mit der passenden Zahl in der Mitte.

Male die Felder entsprechend der Anzahl der Wörter aus:

1-silbige Wörter: ____ -mal	2-silbige Wörter: ____ -mal
3-silbige Wörter: ____ -mal	4-silbige Wörter: ____ -mal

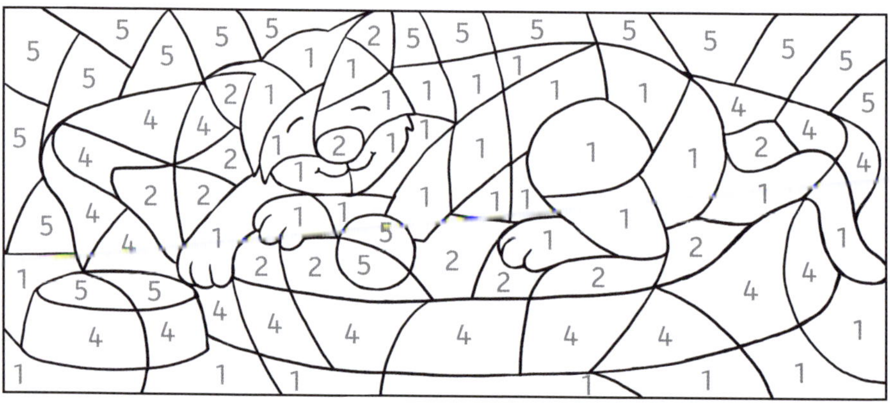

Was schwimmt hier auf dem See? Verbinde die Silben Punkt für Punkt und du findest es heraus. Male das Bild anschließend in deinen Lieblingsfarben aus.

Al-le-mei-ne-Ent-chen-schwim-men-auf-dem-See,-Köpf-
chen-un-ters-Was-ser,-Schwänz-chen-in-die-Höh.

Ach, du Schreck! Fluffi hat den Einkaufszettel zerrissen. Jeweils zwei Teile gehören zusammen. Finde sie. Schreibe die Wörter nach dem Abc geordnet untereinander auf.

~~ÄP-~~ TIN- LAM- GUR- KÄ-

EI- BIR- SAH- NU-

~~-FEL~~ -KEN -TE -SE -NEN -DELN -NE -PE -ER

ÄPFEL

Von oben nach unten gelesen ergeben die farbig markierten Buchstaben ein Lösungswort.

In jeder Silbe steckt ein Selbstlaut, Umlaut oder Doppellaut. Ergänze sie. Schneide die Kärtchen unten aus. Lege sie auf das Feld mit den entsprechenden Lauten und drehe sie um, um dein Ergebnis zu überprüfen.

 ___pf___l	 B___n___	 H___s___
 ___m___r	 K___f___r	 Sch___r___
 Sch___k___l	 ___l___	 B___rn___

e, e	A, e	Ei, e
ä, e	Eu, e	ie, e
i, e	a, e	au, e

 Eimer	 Apfel	 Schere
 Biene	 Eule	 Käfer
 Schaukel	 Hase	 Birne

So ein Durcheinander! Ordne die Silben und schreibe die Nomen richtig auf. Die Anfangsbuchstaben ergeben zusammen ein Lösungswort.

geiPapa

fantEle

dioRa

kelFer

bärEis

scheKut

polinTram

Von oben nach unten oder von links nach rechts gelesen gibt es 6 Nomen in diesem Buchstabenfeld. Finde sie und kreise sie ein. Male die passenden Bilder aus.

P	I	U	Z	T	R	S	A
O	D	G	U	R	K	E	S
L	F	G	L	K	J	G	M
I	B	N	A	P	F	E	L
Z	V	C	Q	O	W	L	E
I	G	E	L	R	T	Z	U
S	A	D	H	K	L	I	O
T	R	B	A	U	E	R	L

Sei ein Dichter: Finde zu jedem Nomen ein Reimwort. Schreibe dafür unten das richtige Wort unter jedes Bild, schneide die unteren Karten aus und lege sie auf das passende Reimwort. Drehe sie dann um und klebe sie auf.

 die Wanne	 das Bein	 der Löwe
 der Topf	 der Wind	 die Hose
 das Haus	 die Schnecke	 die Leiter

 die T__________	 das K__________	 die E__________
 der St__________	 die M__________	 die M__________
 die R__________	 der R__________	 der Z__________

Was wird gebraucht: ein oder eine? Ordne den Nomen die passenden unbestimmten Artikel zu und schreibe sie auf.

eine Laus

Streiche alle Buchstaben durch, die du verwendet hast, aber nicht Buchstaben der Begleiter. Lies die übrigen Buchstaben der Reihe nach. Wie heißt der Hund?

E H S U ~~S~~ N ~~U~~ N R H

~~A~~ B C D I O E H I B A ~~L~~

S U B E S R Y G N M E

W A M T E L U E A T P

Was passt: **der**, **die** oder **das**? Schreibe die Nomen im blauen Kasten mit dem passenden Artikel auf die Linien.

der Füller

Tinte

Füller

Heft

Gabel

Löffel

Messer

Buch

Puppe

Ball

Schau auf die Zahlen. Trage die jeweiligen Buchstaben in die Kästchen mit den passenden Farben ein und du erfährst, wie man die Artikel noch nennt.
Trage die Buchstaben als Großbuchstaben ein.

	E							

Erkennst du die Nomen? Trenne sie durch Striche. Ordne sie unten richtig zu und schreibe sie mit Artikel auf.

Tiere: **der Esel,** ______________________________

____

Pflanzen: ______________________________

____

Dinge: ______________________________

____

Personen: ______________________________

____

Streiche jedes Bild durch, dessen Wort du gefunden hast. Was bleibt übrig? Trage ein.

Lösung: ☐☐☐☐☐☐☐

Was siehst du hier? Schreibe die richtigen Nomen mit Artikel in die Kästchen und streiche sie oben durch.

Bank	Rutsche	Schaukel	Sandkasten
Mädchen	Junge	Baum	Eimer	Sieb

Welches Bild ist hier zu sehen? Lies die Wörter und prüfe, ob sie in der Einzahl oder in der Mehrzahl geschrieben sind. Male dann die Felder richtig aus.

Einzahl	Mehrzahl

Oben Einzahl, unten Mehrzahl. Finde die 8 Fehler im unteren Bild und kreise sie ein.

Bilde neue Nomen. Ordne die Karten so, dass alle Bilder einen Partner finden. Drehe die Paare um.

 Regen	 Blumen	 Puppen	 Zebra
 Apfel	 Post	 Eis	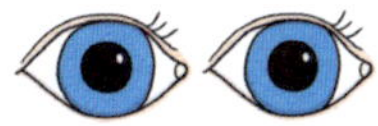 Augen
 Löwen	 Taucher	 Lebkuchen	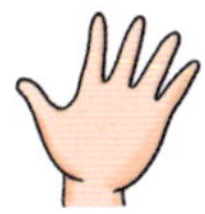 Hand
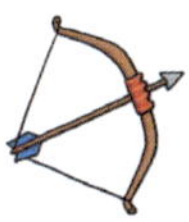 Bogen	 Topf	 Wagen	 Streifen
 Baum	 Karte	 Bär	 Klappe
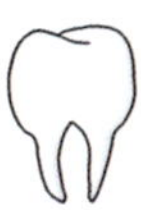 Zahn	 Brille	 Mann	 Schuh

 Zebra	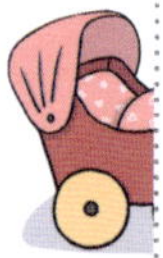 Puppen	 Blumen	 Regen
 Augen	 Eis	 Post	 Apfel
 Hand	 Lebkuchen	 Taucher	 Löwen
 streifen	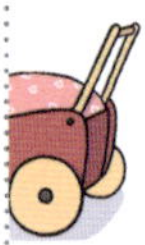 wagen	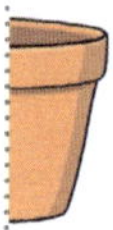 topf	 bogen
 klappe	 bär	 karte	 baum
 schuh	 mann	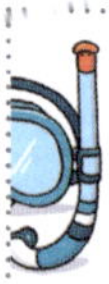 brille	 zahn

Was verbirgt sich hinter diesen Bilderrätseln? Wenn du die Nomen zusammensetzt, erhältst du neue Wörter. Wie heißt das Lösungswort?

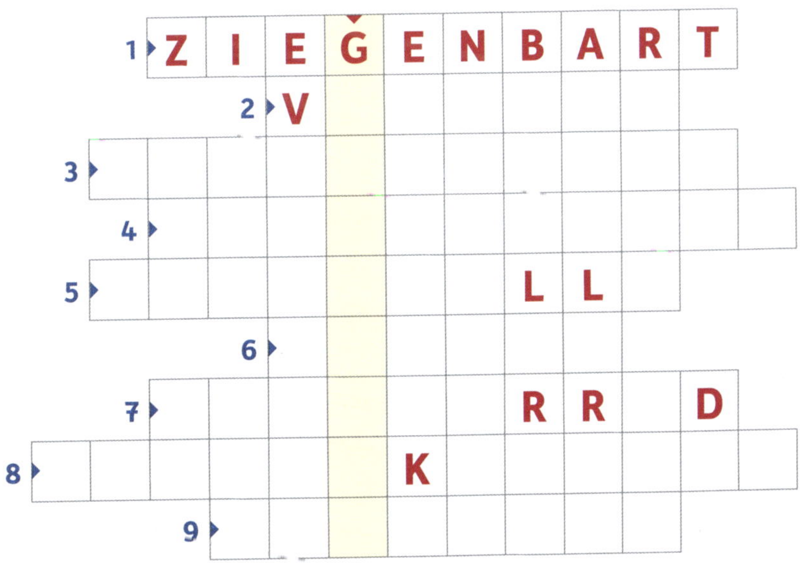

Was tun die Kinder hier? Verbinde die Bilder mit den richtigen Verben (Tunwörtern). Nimm dafür dein Lineal.

R E

- klatschen

F

K T

- krabbeln

N M A

- schaukeln

Z I

L

- hüpfen

T E

- rutschen

U

Sammle die Buchstaben dort, wo deine Linien sich kreuzen, von oben bis unten ein. Was macht Lina am liebsten?

Am liebsten ☐☐☐☐☐ ich.

Was machst du alles auf dem Spielplatz? Von oben nach unten ↓ oder von links nach rechts → gelesen gibt es 12 passende Verben in diesem Buchstabenfeld. Finde sie und male sie an.

w	x	t	x	x	x	x	x	x	r			
e	x	u	x	x	x	x	x	x	e	x	x	x
r	x	r	u	t	s	c	h	e	n	x	x	x
f	x	n	x	x	x	x	x	x	n	x	x	s
e	x	e	x	x	w	i	p	p	e	n	x	p
n	s	n	x	x	x	x	x	x	n	x	x	r
x	c	x	x	x	x	x	x	x	x	k	x	i
x	h	x	x	x	x	s	p	i	e	l	e	n
b	a	u	e	n	x	x	x	x	x	e	x	g
x	u	x	x	x	x	x	x	x	x	t	x	e
x	k	x	x	x	x	x	x	x	x	t	x	n
x	e	x	x	x	x	x	x	x	x	e	x	x
x	l	a	c	h	e	n	x	x	x	r		
x	n	x	x	x	x	t	o	b	e	n		

Die markierten Felder ergeben ein Labyrinth.
Hilf Emil, zum Spielplatz zu kommen, und zeichne seinen Weg ein. Er darf waagrecht ↔ und senkrecht ↕ laufen, aber **nicht** diagonal ↗↘.

Am Strand ist viel los! Wer ist wer? Wer macht was? Trage ein.

ihr

Finde die Verben in den passenden Formen. Schreibe auf.

werfe baut duscht ruderst tauchen schwimmen

duschen:
Ihr duscht.

tauchen: Moritz und Jonas ____.

schwimmen:
Wir ____.

werfen:
Ich ____.

rudern:
Du ____.

bauen: Lina ____ eine Sandburg.

Was macht die Klasse in der letzten Schulstunde? Ergänze die Verben in der richtigen Form.

Frau Schröder ____________ (lesen) eine Geschichte vor.

Leon ____________ (malen) ein Bild dazu.

Emily ____________ (flüstern) Lara heimlich etwas ins Ohr.

Julian ____________ (schauen) aus dem Fenster.

Maries Füller ____________ (klecksen) ins Heft.

Paul ____________ (wippen) mit den Füßen.

Mathilda ____________ (müssen) mal aufs Klo.

Oskar und Max ____________ (sich verabreden) später zum Fußballspielen.

Die Schulglocke ____________ (läuten) und die Schule ____________ (sein) aus.

Finde die verschiedenen Wörter, die zum selben Verb gehören, und male die Felder jeweils in der gleichen Farbe aus. Es ergeben sich schöne Muster.

fahre	helfe	hilfst	lese
gebe	fährst	liest	gegeben
fährt	gibt	geben	gelesen
gibst	fahrt	lest	gebt
fahren	hilft	helft	lesen

rufe	lernt	rufen	lernen
lernst	rufst	lerne	ruft
kaufen	kaufe	kauft	kaufst
bauen	macht	baut	mache
machen	baue	machst	baust

reden	lege	sage	legen
male	redest	legst	sagen
trinkst	malst	redet	legt
sagt	trinkt	malt	rede
trinke	sagst	trinken	malen

Mit den Vorsilben **ver-** und **vor-** kannst du verschiedene Wörter bilden. Welche Wörter ergeben sich hier? Schreibe sie unten auf.

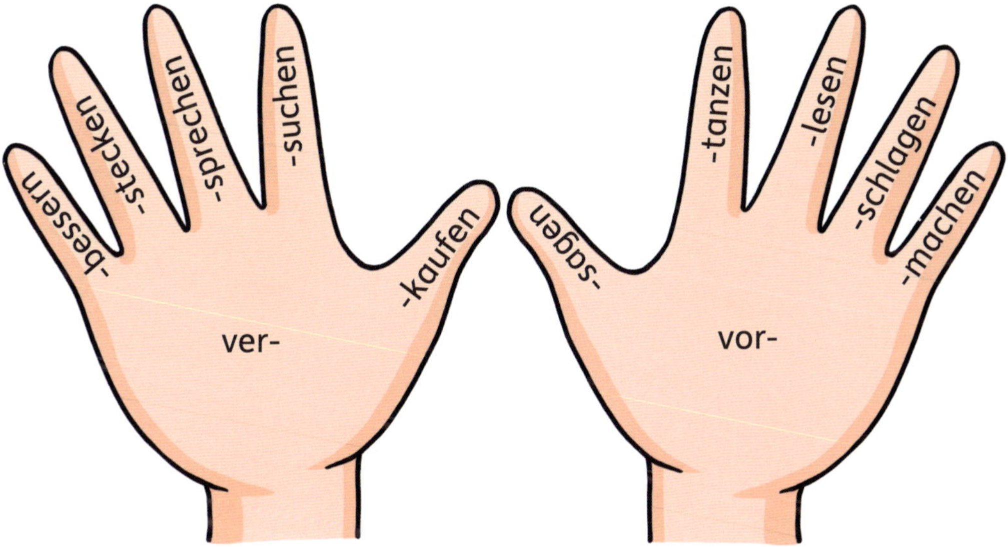

verbessern,

Welche dieser Wörter der linken Hand kannst du auch mit **vor-** bilden, welche der rechten Hand mit **ver-**? Kreuze an.

- ◯ vorsuchen
- ◯ vorsprechen
- ◯ vorbessern
- ◯ versagen
- ◯ vertanzen
- ◯ verlesen

Wie viele Arme haben die Vorsilben-Kraken? Verbinde die passenden Wortteile durch „Krakenarme“.

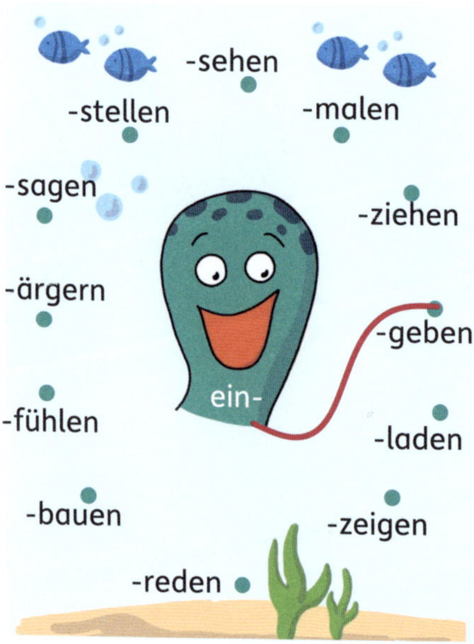

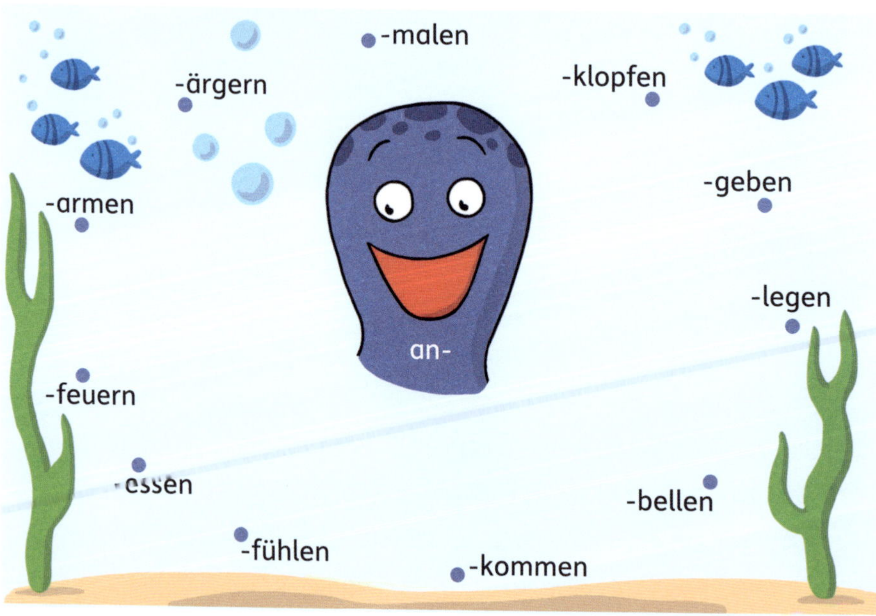

Die Züge transportieren nur Adjektive (Wiewörter). Doch je ein Wort passt nicht in die Reihe. Streiche es durch.

Trage die durchgestrichenen Wörter hier ein.

!

Alle Tiere sind verschieden. Beschrifte die Gegensatzpaare mit den richtigen Adjektiven und streiche diese durch.

groß schwarz leise ~~schnell~~ dick böse
klein grau dünn lang laut
lieb weiß bunt kurz ~~langsam~~

schnell – langsam

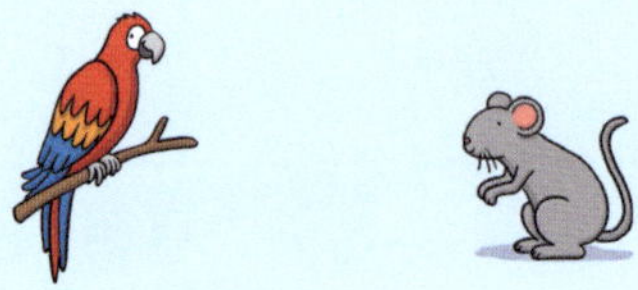

Wie ist was? Von oben nach unten ↓ oder von links nach rechts → gelesen gibt es in diesem Buchstabenfeld 6 Adjektive. Kreise sie ein und schreibe die Wörter anschließend unter das passende Obst oder Gemüse.

grün

x	x	s	a	u	e	r	x	x
x	x	t	x	x	x	x	x	x
x	l	a	n	g	x	x	x	x
x	x	c	x	x	x	k	x	x
x	x	h	x	x	g	r	ü	n
x	x	e	x	x	x	u	x	x
x	x	l	x	r	x	m	x	x
x	x	i	x	o	x	m	x	x
x	x	g	x	t	x	x	x	x

Zu jedem Adjektiv passt eines der Bilder um das Gitter. Kreise es jeweils ein. Was bleibt übrig?

Füge die passenden Adjektive in die Textfelder ein. Das Ende der Wörter musst du jeweils verändern, damit sie in den Satz passen.

niedlich schön frisch prächtig riesig fruchtig saftig

Es war einmal eine _ _ _ _ _ _ Prinzessin.

Sie lebte in einem _ _ _ _ _ _ _ _ _ _ Schloss.

Sie hatte ein _ _ _ _ _ _ _ _ _ _ Hündchen und einen _ _ _ _ _ _ _ _ Drachen.

Nachmittags gab es immer für alle _ _ _ _ _ _ _ _ _ _ Kuchen, dazu _ _ _ _ _ _ _ Sahne und eine _ _ _ _ _ _ _ Himbeere oben drauf.

Sammle die Buchstaben in den markierten Feldern ein und schreibe sie in die passenden Kästchen. Dann erfährst du, wie die Prinzessin heißt.
Achtung: Schreibe den ersten Buchstaben groß.

_ _ _ _ _ _ _

Finde zu jedem Tier erst ein passendes Adjektiv und dann noch eines, um es genauer zu beschreiben. Kreise das passende Bild ein.

klein eckig flauschig schmutzig

das **kleine** Ferkel

das **kleine**, ____________ Ferkel

gelb müde gefleckt heiß

das ____________ Kalb

das ____________, ____________ Kalb

gelb hart mechanisch flauschig

das ____________ Küken

das ____________, ____________ Küken

Welches Bild ist hier zu sehen? Lies die Wörter und male die Felder richtig aus.

Verben (Tunwörter)	Nomen (Namenwörter)
Adjektive (Wiewörter)	Artikel (Begleiter)

Was versteckt sich im Bild?

Ein ___________ vor

einer _____

Hier fehlt etwas! Ergänze die richtigen Satzzeichen:
. oder ?.

Haben Sie die Sorte Maracuja

Ja, haben wir

Dann geben Sie mir bitte eine Kugel Maracuja und eine Kugel Erdbeere

Möchtest du eine Waffel oder einen Becher

Ich nehme eine Waffel

Das macht drei Euro

Hier siehst du die Szene noch einmal als Bild. Doch etwas stimmt nicht! Findest du die vier Fehler? Kreise sie ein.

Huch, hier dreht sich alles. Kannst du die Texte trotzdem lesen? Schreibe sie unten auf. Denke an die Groß- und Kleinschreibung und setze die fehlenden Punkte ein.

Alle Wörter sind kleingeschrieben. Kreise die falschen Wörter ein und schreibe den richtigen Buchstaben darunter. Trage auch jeweils die fehlenden Punkte am Satzende ein.

gestern hat es den ganzen tag geschneit
G

elena und lisa möchten einen schneemann bauen

sofort nach dem frühstück ziehen beide ihre jacke, einen

schal, die stiefel und ihre handschuhe an

schnell laufen sie aus dem haus und machen sich ans werk

Male die Felder richtig aus.

eingekreiste Wörter	alle anderen Wörter

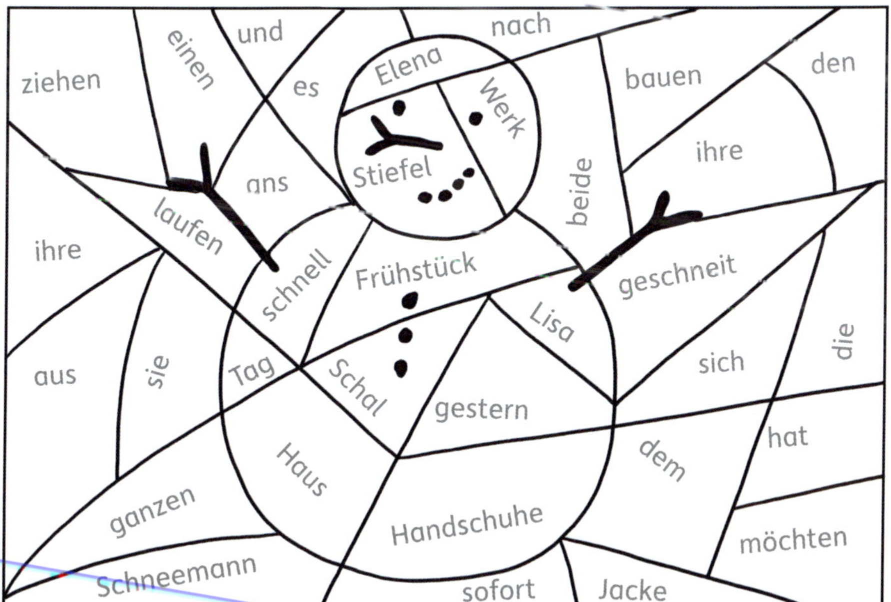

Schreibe eine Bastelanleitung für ein Insektenhotel. Die Bilder und die Begriffe im blauen Kasten helfen dir dabei.

Du brauchst:

- ein paar Bambusröhrchen
- eine Säge
- ein Stück Schnur
- eine Schere
- eine saubere Blechdose

~~stecken~~ - Bambusröhrchen - Dose

Als Erstes stecke ich

kürzen - lange Röhrchen - Säge

Dann

befestigen - Schnur - Dose

Jetzt

aufhängen - Insektenhotel - draußen

Schließlich

Welches Bild ist hier zu sehen? Lies die Wörter und ordne sie den richtigen Sammelbegriffen zu. Male dann die Felder richtig aus.

Tiere	Obst	Fahrzeuge	Möbel

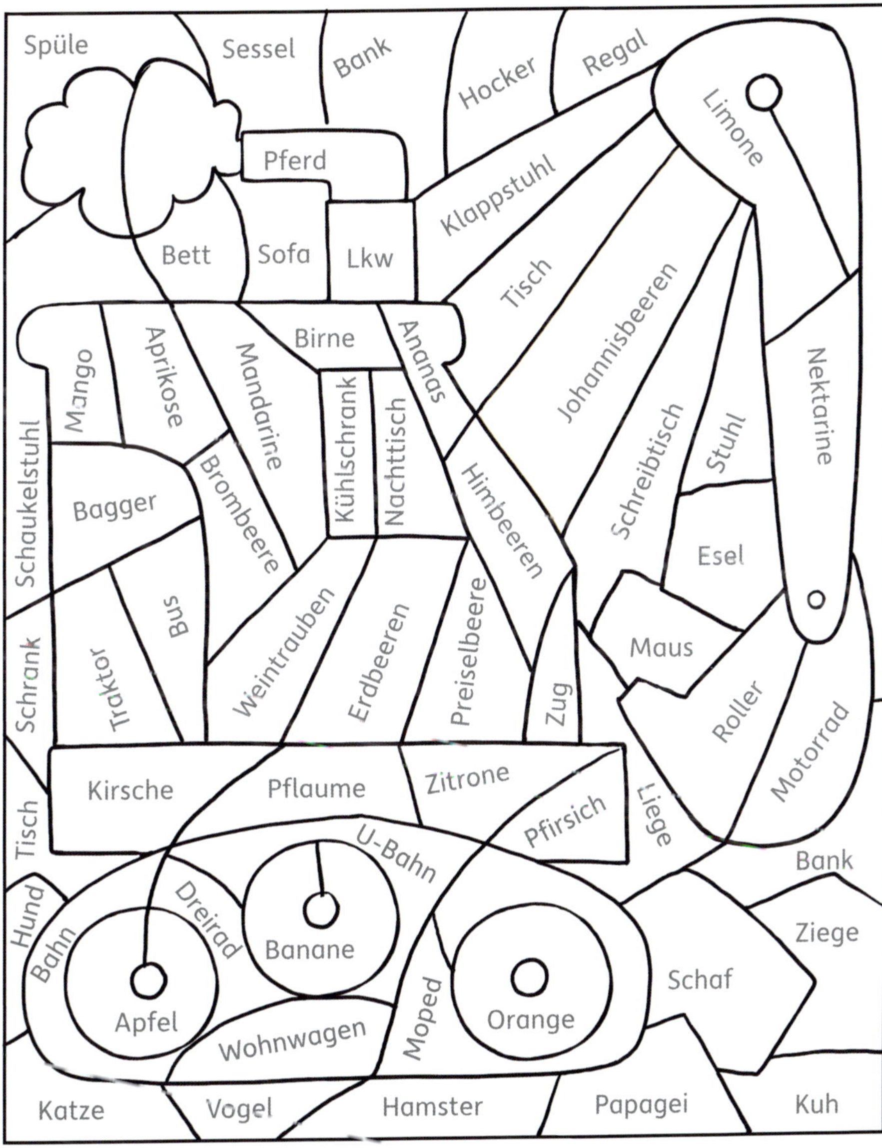

Welche Endung fehlt? Setze **-er**, **-el** oder **-en** richtig ein.
Kreise rechts die passenden Buchstaben ein.

	-er	-el	-en
Drei Kind**er** sind bei Mia zu Besuch.	(P)	E	T
Sie will ihren Freund_____ heute die Rosen zeigen.	R	U	E
Mias Vat_____ hat sie im Mai gepflanzt.	T	A	S
Alle gehen zusammen in den Gart_____.	S	N	E
Die Vög_____ singen.	B	R	T
Alle bestaunen die Blum_____.	B	A	S
Plötzlich kommt Reg_____ auf.	N	L	I
Alle rennen ins Haus. Mia schaut traurig aus dem Fenst_____.	L	N	I
Sie sagt: „Jetzt werden die Ros_____ alle ganz nass.“	R	L	I
„Das macht nichts“, meint Papa. „Die Rosen freuen sich über das Wass_____.“	E	A	N

Schreibe die Buchstaben in die Kästchen und du erfährst, welche Pflanze noch in Mias Garten wächst.

Lösungswort: ☐ ☐ ☐ ☐ ☐ ☐ ☐ ☐ ☐ ☐

Male in jeder Zeile die Buchstaben an, die zum ersten Bild gehören.
Welches Wort hat sich jeweils noch versteckt?
Kreise das richtige Bild hinten ein.

 → **St**Sp**i**u**ft**r →  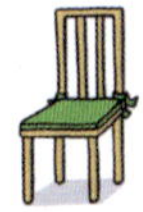

 → StSchearfn →  

 → StSchiorfcfh →  

 → SpSchinelee →  

 → StSchraweßien →  

 → SchSpieugehl →  

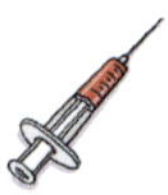 → SpSchirirmtze →  

 → SchSteauikenl →  

St, **Sp** oder **Sch**? Finde die Wörter mit diesen Anlauten und male sie richtig aus.

St	Sp	Sch

Gehe den Weg durch die Felder und löse die Schlangenwörter. Du kannst waagrecht oder senkrecht gehen. Anfangs ist der erste Buchstabe in jedem Wort markiert. Schreibe die Wörter darunter.

H	C	**T**
E	S	A

R	E	H
E	**S**	C

A	**S**	N
C	H	E

H	C	S
A	C	H

A	R	H
U	**S**	C
B	E	N

S	E	L
C	T	H
H	A	C

G	E	S
E	H	C
N	K	E

W	I	G
N	C	I
U	H	T

I	T	T
L	S	E
H	C	N

W	O	G
H	C	A
E	N	T

H	C	H
U	S	C
L	F	A

S	C	H
D	E	U
A	L	B

Welche Wörter hast du sowohl mit **Sch/sch** als auch mit **ch** geschrieben? Kreuze an.

○ Schachtel ○ Wochentag ○ Schulfach
○ Schere ○ Schach ○ Geschenke

Wo liest du das **ch**: in der Mitte oder ganz am Ende?
Kreuze an.

Drache		Buch		Elch	
X	○	○	○	○	○
icha	acht	ach	achts	achte	öchte
Milch		**Woche**		**Rauch**	
○	○	○	○	○	○
ichtig	uch	uch	och	ach	euch
lachen		**Bauch**		**fauchen**	
○	○	○	○	○	○
obach	leuch	icht	ich	ich	prech
leicht		**frech**		**Dach**	
○	○	○	○	○	○
uche	üche	rrlicht	ch	och	ach

Was hast du angekreuzt? Trage die Wortteile nacheinander in die Zeilen ein.

M**icha** geht n_____ spazieren. Er m _______ seine Großmutter bes_____ en, um ihr einen K_____ en zu bringen. Die Glühwürmchen l______ ten um ihn herum.
Er be______ tet sie ganz gespannt.
„Oma wird s_____ darüber freuen“, ist er s_____ er. „Den K_____ n habe i_____ selbst gem_____ t!“

Schreibe die Wörter zu den Bildern in die Kästchen.

1				Pf					
2				Pf					
3				pf					
4				pf					
5				Pf					
6				pf					
7				Pf					
8				pf					
9				pf					
10				pf					
11				pf					
12				Pf					

Tausche immer einen Buchstaben mit **Pf/pf** aus und du erhältst ein anderes sinnvolles Wort.

Seife		Zoo	
glücken		Dame	
Ton		Note	
Adel		kämmen	

Ohren auf! Wo hörst du das **ng**: in der Mitte oder ganz am Ende? Kreuze an.

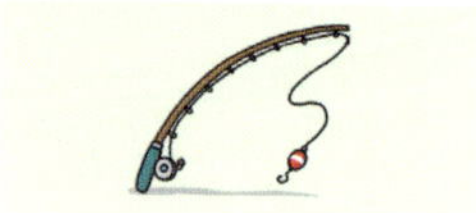

G E

I U

T O

H G

I N

A N

G H

E K

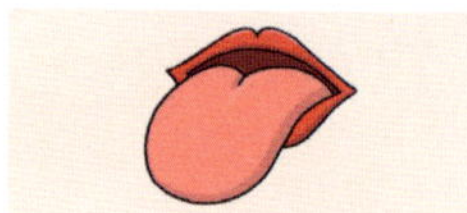

H E

Ä Ö

R E

T G

Wo hast du die Kreuze gemacht? Sammle die Buchstaben darunter je Zeile von links nach rechts ein und schreibe sie in die Kästchen.

!

Finde die Wörter, die jeweils nur in einem Feld auftauchen. Kreise sie ein.

bequem Qualität
Quitte Quiz
Qual quer

Quallen Quitte
Qual Quiz
quatschen
Quelle

Quiz Qual
quatschen
überqueren
bequem Qualität

Quark quatschen
bequem
Quitte quaken Qualität

Trage die gefundenen Begriffe in die richtigen Zeilen ein. Findest du den Fehler im Bild? Kreise ihn ein.

Aquaria ist ganz aufgeregt. In ihrer __________ steigt eine große Party! Sie hat schon alles vorbereitet. Die Ballons fliegen kreuz und ________, die Frosch-Band ist bereit, ihre Lieder zu __________ und den ______kuchen hat sie auch schon gebacken.

Sogar die __________ sind dabei. Dafür mussten sie nur den Ozean __________. Das wird ein Fest!

Schreibe die Wörter mit **V/v**, die du im blauen Kasten siehst, hinter dem passenden Bild auf. Male die Wörter, die wie **F/f** klingen, gelb und die, die wie **W/w** klingen, blau an.

Pullover	Villa	vier	Vulkan	Vampir
Vase	Klavier	Vater	Vogel	Violine

 Pullover

Male die Felder aus:

V wie F	V wie W

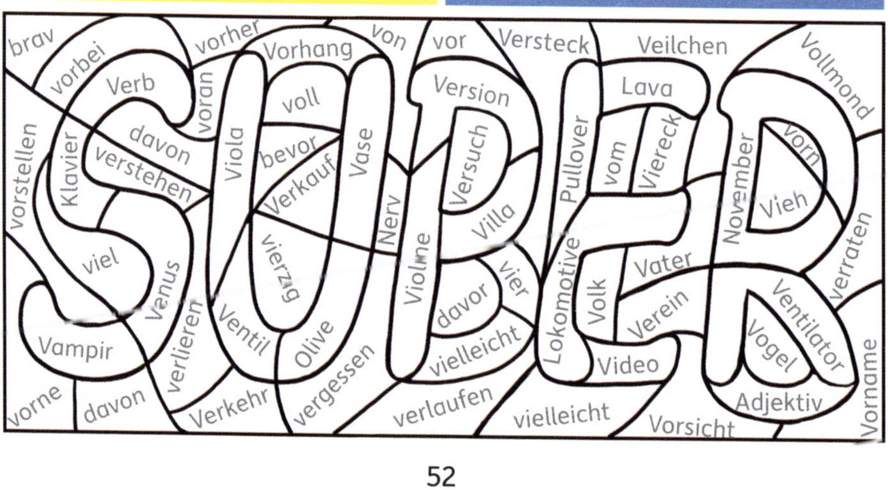

Setze die Wörter in das Gitterrätsel ein. Jedes Wort hat seinen festen Platz. Die Zahlen verraten dir die Anzahl der Buchstaben, die das einzusetzende Wort hat.

3 Buchstaben	
AXT	TYP
YAK	FIX

4 Buchstaben			
BABY	TAXI	NIXE	HYPE
TEXT	HEXE	PONY	OKAY

5 Buchstaben	
TEDDY	HOBBY
~~HANDY~~	PARTY

7 Buchstaben
LEXIKON
MAILBOX

9 Buchstaben
LABYRINTH
~~PYRAMIDEN~~

Finde alle Wörter! Das Lösungswort verrät dir, wie man den ei-Laut auch nennt.

1 Das Gegenteil von **Ja**

2 Etwas borgen

3 Der Weg nach Hause

4 Begleiter: ..., eine

5 Die Uhr misst sie.

6 Das Gegenteil von **groß**

7 breit, riesig, ausgedehnt

8 Gibt an, wie viel etwas kostet

Lösung:

Finde die Mehrzahlwörter zu den Bildern im Gitter und male die Felder an. Sie laufen von links nach rechts →. Findest du in einer Reihe ein Wort, dann verbinde es mit dem passenden Bild.

S	Ä	P	F	E	L	E	T	U
G	V	S	H	Ä	U	S	E	R
L	U	E	R	T	E	N	M	I
R	Ä	D	E	R	R	B	K	J
X	B	Ä	U	M	E	B	R	N
E	R	F	U	N	I	O	U	A
B	Ä	N	K	E	K	L	U	I
S	T	R	Ä	U	C	H	E	R

S	C	H	R	Ä	N	K	E	W
I	R	T	E	N	M	A	S	L
F	R	W	Ä	L	D	E	R	O
K	D	R	Ö	Z	Ä	U	N	E
Q	B	Ä	L	L	E	X	R	S
N	V	F	K	L	Ä	U	S	E
J	A	Z	R	U	T	E	M	P
M	T	Ä	S	T	E	C	H	O
F	Ä	U	S	T	E	X	Ä	C

Finde zu jedem Wort das verwandte Wort mit **ä** oder **äu** in der Buchstabenschlange. Kreise es ein und schreibe es auf.

Zahl: ___ ___ ▢ ___ ___ ___

AINZÄHLENJERZEHNERZEIGERKAUGZANGENANRIOP

fahren: ___ ___ ___ ___ ▢

PFAHLULZFAUSTLKOFÄHRTNERZÄFÄNGERKEHRÄNTE

laufen: ___ ___ ▢ ___ ___ ___

GELÄUTFERGLÄUSEDFPEOLÄUFERNERRLAUBENJDER

Zaun: ___ ___ ___ ___ ▢

ERAZÄHNEUNIZÄUNEZAUBERHEBIOZEUGENOGHIZÄH

Haufen: ▢ ___ ___ ___ ___ ___ ___ ___

HÄUPTEREHRIHÄFENJHNHAUBENLKHÄHNEANHÄUFEN

Tag: ▢ ___ ▢ ___ ___ ▢ ___

ERKTÄGLICHIOPTANKERTZUTRÄNKEKEHRTEERMUNTEN

Magen: ▢ ___ ▢ ___ ___

UEDGMÄCHTEMAUERNDSOAMAGIERBSPAMÄGENSIS

Trage die Buchstaben in den bunten Kästchen an die richtige Stelle ein.

Lösungssatz: ▢ ▢ ▢ ▢ ▢ ▢ ▢ ▢ ▢ ▢ !

e oder **ä**, **eu** oder **äu**? Kreise jeweils richtig ein.

er tr	e / ä	gt	B	eu / äu	le	E / Ä	rger
L	e / ä	nker	L	eu / äu	te	E / Ä	rmel
B	e / ä	nke	B	eu / äu	me	E / Ä	ltern
Tr	e / ä	ger	er tr	eu / äu	mt	E / Ä	ste
er schl	e / ä	ft	Sch	eu / äu	ne	E / Ä	rbse
sie sch	e / ä	nkt	Fr	eu / äu	nde	e / ä	ndern
W	e / ä	g	S	eu / äu	le	e / ä	nden

Folge den eingekreisten Buchstaben immer zeilenweise →
und du erfährst, was Marcos Lieblingstiere sind.

Finde die Doppellaute in den Feldern und male diese passend aus.

au	äu	eu	ei

Was siehst du? Trage in die Kästchen ein.

Auf dem Baum sitzt eine ____ .

Vor dem Zaun siehst du zwei ____ .

Im ____ ist Sand.

Das ____ ist weiß.

Trage die Wörter links in der Mehrzahl und rechts in der Einzahl ein. Ergänze **g** oder **k**. Kreise die Buchstaben ein.

	g	k
die Köni____e	W	D
die Bän____e	B	I
die Ber____e	R	S
die Geschen__e	S	F
die Zü____e	A	K
die Schrän___e	M	H
die Zwer____e	R	A
die Fabri____en	I	E
die Bur_____en	N	O

	g	k
der Köni__	M	D
die Ban__	B	I
der Ber__	T	S
das Geschen__	S	D
der Zu__	E	K
der Schran__	N	M
der Zwer__	Z	A
die Fabri__	K	U
die Bur__	G	L

Trage die eingekreisten Buchstaben je Spalte von oben nach unten in die Kästchen ein.
Mit welchem Fahrzeug fahren Erik und seine Familie in die Ferien nach Luxemburg?

Trage die Wörter links in der Mehrzahl und rechts in der Einzahl ein. Ergänze **d** oder **t**. Kreise die richtigen Pfeile ein.

	d	t		d	t
die Hun d e	→ (eingekreist)	↘	der Hun___	↘	←
die Boo___e	↘	↗	das Boo___	↘	↙
die Bär___e	↘	→	der Bar___	↗	←
die Zel___e	←	↘	das Zel___	→	↖
die Hän___e	→	↘	die Han___	←	↘
die Pfer___e	→	↗	das Pfer___	←	↖
die Rä___er	→	↗	das Ra___	←	↘
die Elefan___en	↘	↗	der Elefan___	→	↙
die Kin___er	→	↖	das Kin___	←	↗
die Bro___e	↗	↘	das Bro___	↘	↖
die Län___er	↙	←	das Lan___	↗	←

Spot hat Hunger. Wovon träumt er? Folge den eingekreisten Pfeilen von oben nach unten und male die richtigen Kästchen grau aus.

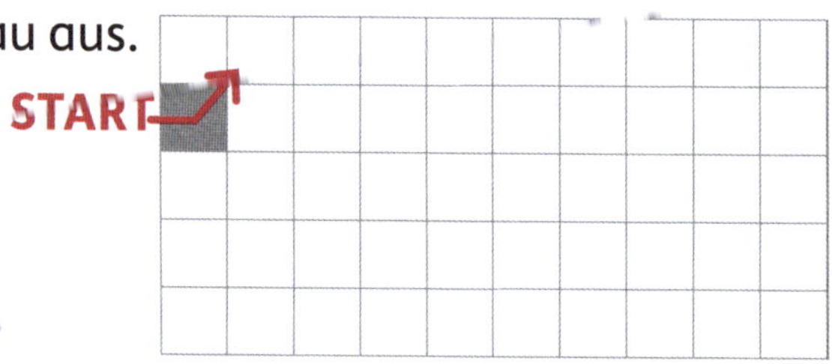

Mit welchem Buchstaben enden die Wörter? Male die Blütenblätter mit den richtigen Wortteilen an.

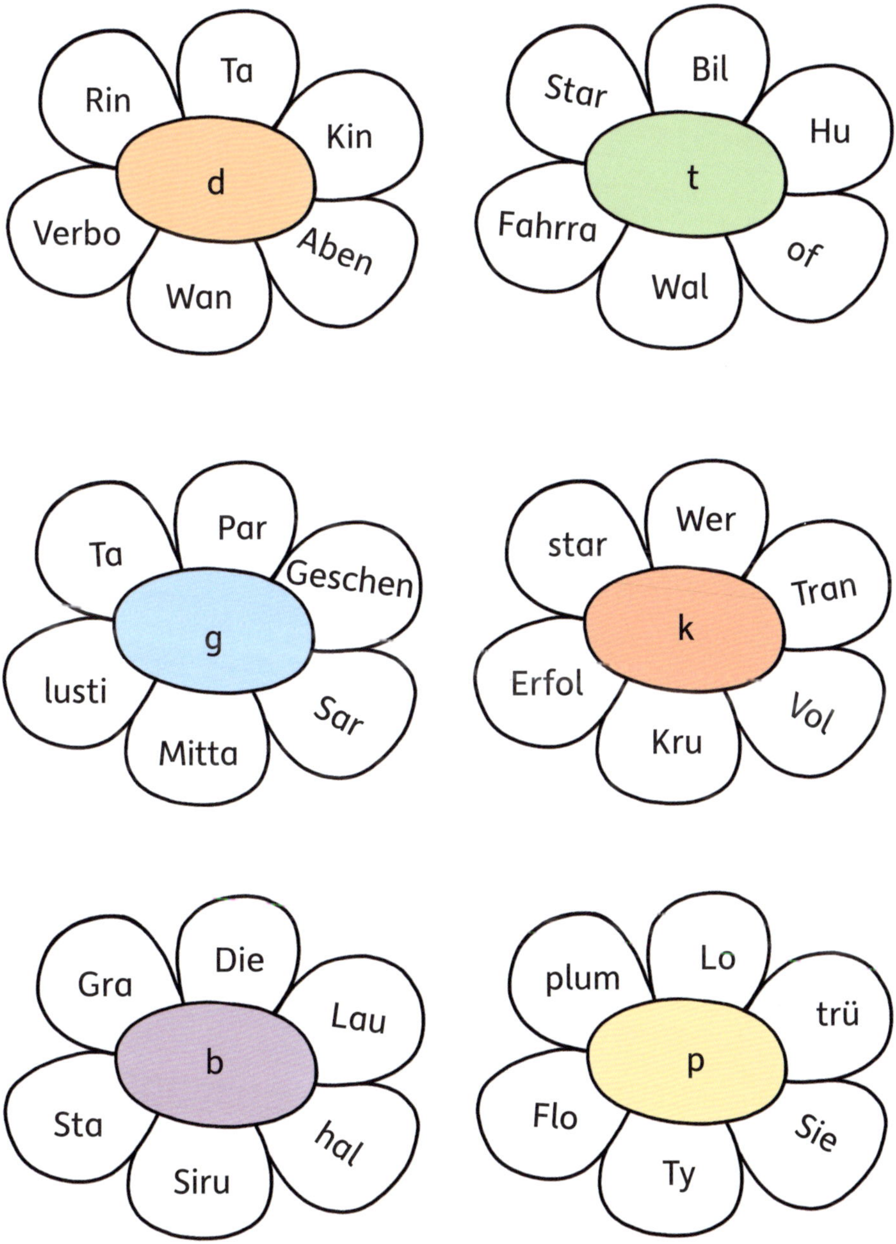

So ein Geschwirr im Blumenbeet! Welche Hummel fliegt zu welcher Blume? Verbinde.

i oder ie? Trage die fehlenden Buchstaben ein. Schneide anschließend die Bilder aus und klebe sie richtig auf.

T___ger i(12) ie(4)	l___la i(10) ie(2)	Fl___ge i(7) ie(9)
T___inte i(4) ie(12)	s___ben i(11) ie(3)	Krokod___l i(1) ie(8)
Mus___k i(8) ie(9)	l___ben i(5) ie(6)	Sp___l i(1) ie(2)
S___g i(9) ie(5)	K___rsche i(11) ie(6)	Klav___r i(12) ie(7)

2	7	9
11	1	5
6	8	4
3	12	10

Jeder Papagei kann ein Wort sprechen. Ist der erste Vokal lang – oder kurz · ? Schreibe es ins Kästchen. Male die Papageien mit einem – **grün** aus und mit einem · **rot**.

Folge den Punkten und Strichen, die du eingetragen hast, von links nach rechts im Labyrinth. Wo will Polly hin?

Nur eins der drei Wörter aus der Liste unten passt jeweils in das Gitterrätsel. Setze alle Wörter richtig ein.

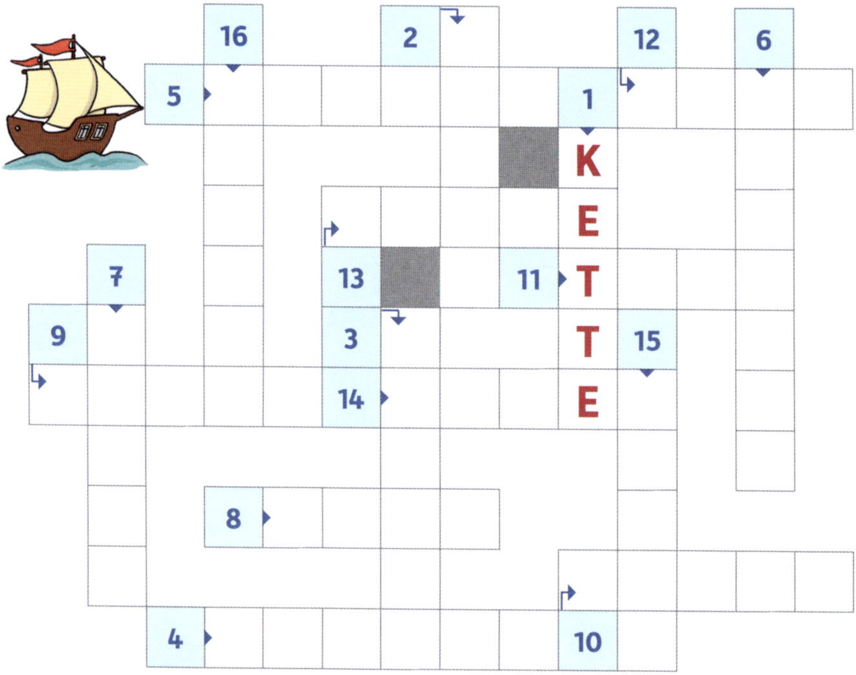

1 KETTE WANNE PUPPE	2 SUPPE BLATT WELLE	3 WASSER HIMMEL RENNEN	4 MUTTER FÜLLER SOMMER
5 GEWINN SCHIFF LÖFFEL	6 TEPPICH DROSSEL STARREN	7 GASSE GULLI STAMM	8 BETT KAMM WANN
9 ESSEN TANNE KELLE	10 BLATT STATT RATTE	11 SINN SATT TIPP	12 WENN NETT SOLL
13 WOLLE KANNE INNEN	14 IMMER WANNE BRETT	15 TONNE RATTE LASSO	16 LAPPEN MESSER TELLER

Wie findet die Mücke zu ihren Freunden? Ihr Weg führt nur über die Felder, die mit **ck** geschrieben werden. Zeichne den richtigen Weg ein.

Von oben nach unten oder von links nach rechts gelesen gibt es 20 Begriffe in diesem Buchstabenfeld. Finde sie und male die Kästchen an. Sie ergeben ein Labyrinth.
Wo möchte Jenny hin? Zeichne den Weg ein

x	S	A	T	Z	x	x	x	x	x	x	x	x	x
x	C	x	x	x	x	L	A	K	R	I	T	Z	E
S	H	x	K	R	A	T	Z	E	N	x	x	Z	x
C	A	x	A	T	A	T	Z	E	x	x	x	E	x
H	T	x	T	N	E	T	Z	x	x	B	x	R	x
L	Z	x	Z	x	x	x	x	x	x	L	x	F	x
I	U	x	E	x	K	I	T	Z	x	I	x	E	x
T	L	x	x	x	W	I	T	Z	x	T	x	T	x
Z	E	x	x	x	x	P	L	A	T	Z	x	Z	x
x	T	P	U	T	Z	L	A	T	Z	x	x	E	x
x	Z	x	x	x	x	x	x	x	x	x	x	N	x
x	T	R	O	T	Z	x	G	L	A	T	Z	E	x
x	K	L	O	T	Z	x	x	H	I	T	Z	E	x

Schwimmbad

Spielplatz

Tiergarten

Jenny möchte zum

_ _ _ _ _ _ _ _ _ _ .

Findest du die gesuchten Wörter? Jede Zahl steht für denselben Buchstaben. So findest du heraus, was für ein Gespenst hier sein Unwesen treibt.

1.  : 1 4 6 8 9

2. Lautes Krachen bei Gewitter: 2 3 7 7 5 11

3. Das Gegenteil von nass: 8 11 3 10 12 5 7

4.  : 11 6 8 8 5 11

5.  : 13 3 7 7 5

6. Kuchen machen: 1 14 10 12 5 7

7.  : 17 15 8 9 5

8. Auf einem Stuhl kann man 13 6 8 9 5 7 .

9. Tut man sich weh, ist man 16 5 11 4 5 8 9 8 .

Es ist 12 14 8 9 5 17 6 7 7 6 , die sich unter der 2 5 10 12 5 16 5 11 13 8 5 10 12 8 .

Dieses Rätsel enthält 12 Wörter, in denen ein stummes h steckt. Löse es und du findest ein Lösungswort.

1 wir nehmen, ihr nehmt, sie (Mehrzahl) ...

2 Apfelkuchen schmeckt am besten mit einem Klecks ...

3 Stechendes Insekt, das hüpft

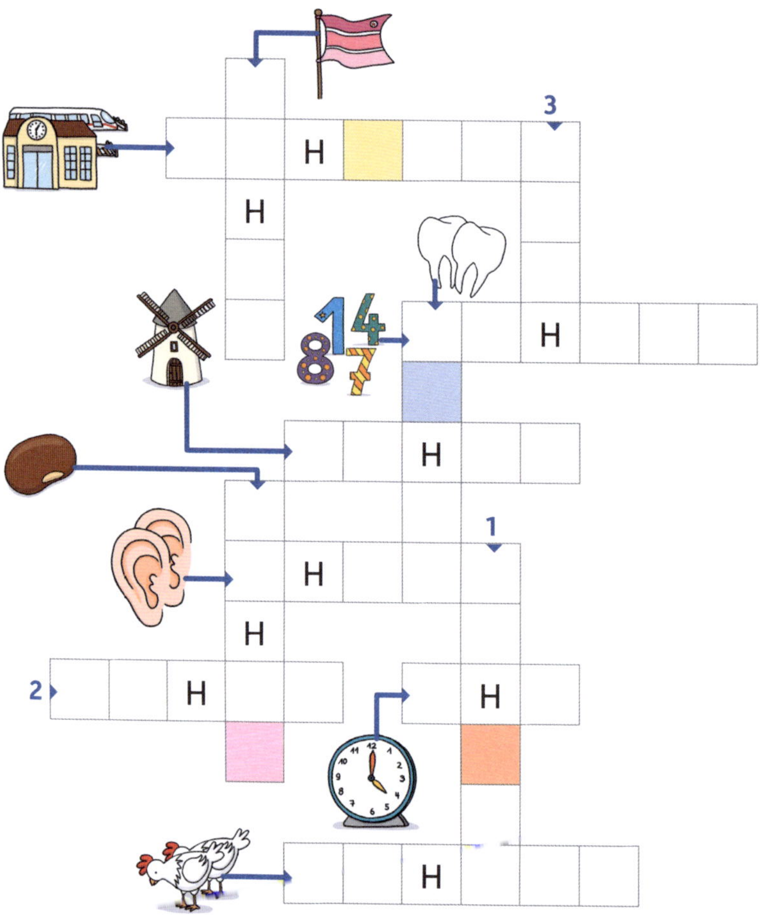

Lösung: H

In jeder Wimpelkette ist ein Wort falsch. Finde es, streiche es jeweils durch und korrigiere es.

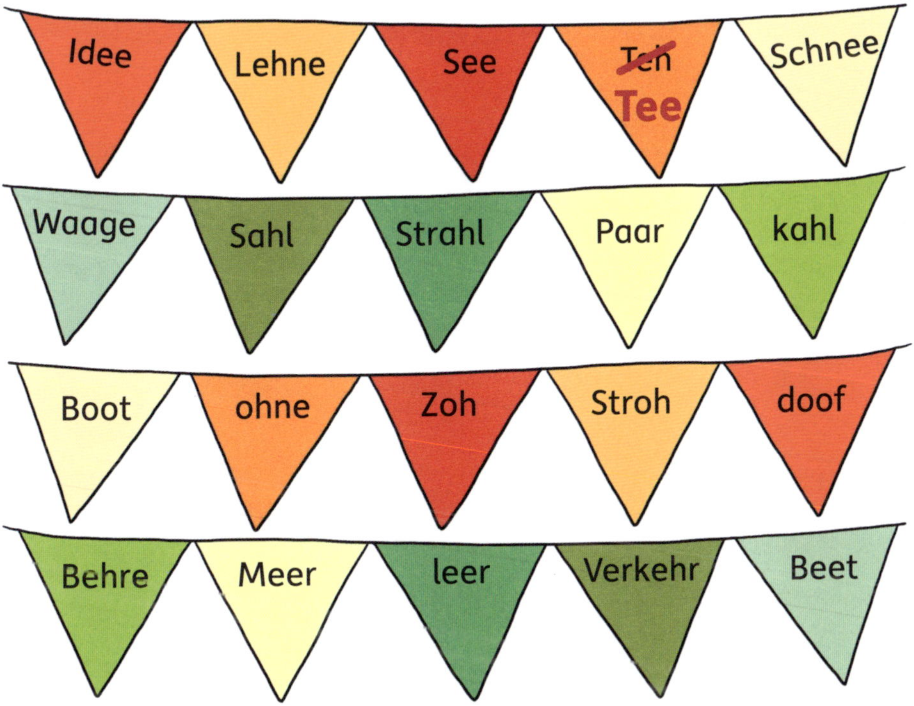

Was wird mit **aa**, was mit **a** und was mit **ah** geschrieben? Verbinde.

aa   ah   a

Male die Socken in den richtigen Farben aus. Achte dabei auf die Motive darauf:

Wörter mit ss: grün **Wörter mit ß: blau** **Wörter mit s: rot**

Kannst du das Sudoku lösen? In jeder Zeile →, in jeder Spalte ↓ und in jedem Kasten ⊞ gibt es die Wörter **Pizza**, **Bonbon**, **Burger** und **Croissant** nur einmal. Setze die fehlenden Wörter ein.

Bonbon	Burger	Croissant	Pizza
	Pizza		
		Pizza	
	Croissant	Burger	Bonbon

Setze hier die Wörter **Chips**, **Comic**, **Clown**, **Cent**, **Cabrio** und **Couch** ein.

	Clown		Couch	Cent	Chips
Couch	Comic	Chips		Cabrio	
Chips		Clown		Comic	Couch
Clown		Cent	Comic		Cabrio
Comic	Couch	Cabrio	Chips	Clown	Cent
	Cabrio		Clown		Comic

Lies die Texte. Immer nur ein Satz ergibt einen Sinn.
Kreuze ihn an.

- ◯ Marie liest gerne Bücher.
- ◯ Marie frisst gerne Bücher.
- ◯ Marie schnitzt gerne Bücher.

- ◯ Wieso alt bist du?
- ◯ Wie alt bist du?
- ◯ Wann alt bist du?

- ◯ Finn erzählt einen Flitz.
- ◯ Finn erzählt einen Blitz.
- ◯ Finn erzählt einen Witz.

- ◯ Charlotte geht spazieren.
- ◯ Karotte geht spazieren.
- ◯ Krawatte geht spazieren.

- ◯ Wirf du Ball!
- ◯ Wirf den Ball!
- ◯ Wirf das Ball!

Was passiert im Schwimmbad? Verbinde die Satzteile und schreibe die ganzen Sätze unten auf. Immer zwei Teile bilden einen Satz.

Hanna spielt	einen Po-Klatscher.
Emma rutscht	Verstecken.
Lina springt	die Rutsche hinab.
Emil macht	sich ab.
Ben schleckt	vom Beckenrand.
Finn trocknet	ein Eis.

Diese Geschichte ist durcheinandergeraten. Lies die Texte und nummeriere sie in der richtigen Reihenfolge.

Leise schleicht sich Emil auf den Flur. Eine Leiter führt auf den Dachboden. Damit das Holz nicht knarzt, steigt Emil ganz vorsichtig Stufe für Stufe hoch.

Emil kann nicht schlafen. Der Mond scheint viel zu hell. Da hört er über sich etwas poltern. Und dann folgt ein Trippeln, so als würde etwas auf dem Dachboden umherlaufen.

Oben angekommen öffnet er die Luke. Etwas huscht im Dunkeln an ihm vorbei. Fast wäre Emil vor Schreck die Taschenlampe aus der Hand gefallen. Doch nun leuchtet er damit in alle Ecken.

Emil gruselt sich. Was kann das sein? Dann nimmt er all seinen Mut zusammen und schnappt sich seine Taschenlampe. Die hat er stets griffbereit, schließlich ist er Pfadfinder.

Plötzlich erscheint im Lichtstrahl ein riesiger Schatten. „Iiiieek!“, quietscht Emil. „Iiiieek!“, quietscht auch das Ungeheuer. Was ist das? Es ist ja nur ein Waschbär, der es sich auf dem Dachboden gemütlich gemacht hat.

Welches Puzzleteil gehört wohin? Schneide aus und klebe die Teile passend auf.

Hc Papa,

wi h? Uns geht es super. Rügen is
sc is win Doch tro
schien die Sonne und g n
wir am Strand spazie
Heute fahren wir mit
zum Kreidefelsen. Ich ir
e Klasse
doch ich freue mich
e Woche rum ist
wiedersehe.

Bis bald, euer Marco

Irene und Stefan Heine

Lauberstr

38820 Halb

Deutsch

Wenn du die Teile aufgeklebt hast, beantworte die Fragen.

Wohin geht Marcos Klassenfahrt?

Wem schreibt Marco?

Wohin fährt die Klasse mit dem Schiff?

st total
tzdem
und Stefan Hei

aufgeregt. Die
großen Spaß
auch, wenn di
und ich euch
Bis bald, euer

Hallo Mama und
e geht es euc
hön. Nur etwa
hien die Sonne

dig ist es hier.
estern konnte
ren gehen.
dem Schiff
bin schon seh
nfahrt macht

aße 67
erstadt
land

Lies genau und male die Bilder richtig aus.

Luca lässt einen gelben Drachen steigen. Der Drachen hat rote Bänder. Luca trägt blaue Gummistiefel und eine grüne Mütze.

Oma Lene strickt einen blau-orange gestreiften Schal. Sie trägt eine Brille. Das Kätzchen spielt mit dem roten Wollknäuel.

Frau Schubert hat rote Locken. Sie trägt lila-gelb geringelte Socken und eine grüne, blau gepunktete Bluse.

Sophia pustet sieben rote Kerzen aus. Ihre Geburtstagstorte ist rosa. Sophia hat einen hellblauen Ball und ein rosa Pferd bekommen.

Jetzt wird es knifflig. Kannst du diesen Text lesen? Schreibe ihn richtig auf.

So lautet die Botschaft:

Super!

Du kannst die Geheimschrift lesen.

Du solltest Detektiv werden!

Lies den Text genau. Jeder Satz enthält ein Wort zu viel. Streiche es jeweils durch und schreibe es unten in die Zeile.

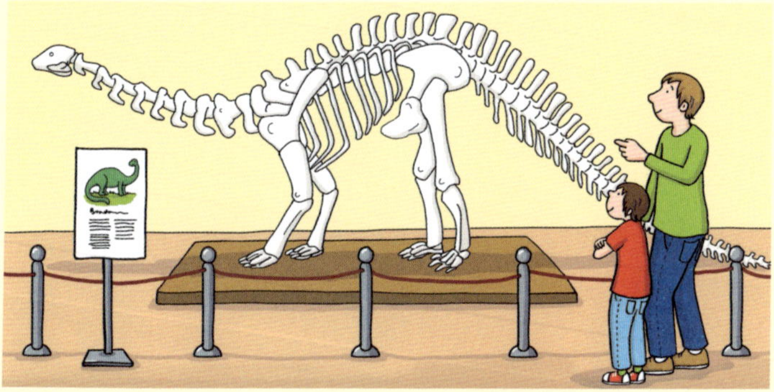

Linus besucht mit seinem Papa Im das Museum.

Besonders gut gefällt Linus die Museum Ausstellung über Dinosaurier.

Hier sieht er gibt ein riesiges Brontosaurus-Skelett.

Außerdem es entdeckt Linus versteinerte Dino-Fußspuren.

Und dann ist da für noch ein komischer Vogel.

Der hat Zähne und Krallen an Linus seinen Flügeln.

„Was viel hat denn dieser Vogel mit den Dinos zu tun?“, fragt Linus seinen Papa.

Papa antwortet zu, dass aus einigen Dinos Vögel wurden.

„Dann entdecken sind unsere Hühner ja echte Dinos!“, ruft Linus begeistert.

Hier fehlt etwas. Trage bei jeder Redewendung das richtige Tier im blauen Kasten ein.

~~Mäusemelken~~   Affen   Fliegen   Hund   Frosch   Fisch

Das ist ja zum M Ä U S E M E L K E N !

Sich zum _ _ _ _ _ machen.

Einen dicken _ _ _ _ _ an der Angel haben.

Sei kein _ _ _ _ _ _ !

Zwei _ _ _ _ _ _ _ mit einer Klappe schlagen

Da wird ja der _ _ _ _ in der Pfanne verrückt.

Streiche für jedes verwendete Tier ein passendes Bild durch. Was bleibt übrig?

Übrig bleiben:

_ _ _ _ _ _ _ und _ _ _ _

Das wird ein Spaß! Würfle immer zweimal und du erhältst lustige Quatschsätze. Schreibe sie auf.

	1. Wurf	2. Wurf
Tante Gerda	hüpft	auf dem Mond.
Der Esel	backt	im Teich.
Das Ferkel	schnarcht	in der Kiste.
Hund Timmy	kullert	im Maisfeld.
Doktor Blinzel	schnattert	auf dem Drahtseil.
Der Traktor	flötet	auf dem Schrank.

Welcher Beruf wird beschrieben? Verbinde die Texte mit den passenden Bildern. Nimm ein Lineal.

Sie arbeitet zum Beispiel im Restaurant und macht das Essen.

Er kümmert sich um Haare und macht Frisuren.

Sie streicht die Wände mit Farbe.

Er backt Brot und Brötchen.

Sie kümmert sich um Menschen, die krank sind.

I

A L

O

M

U

F

T

O

R E

N

Sammle von oben nach unten die Buchstaben ein, durch die deine Linien gehen, und du erfährst noch einen spannenden Beruf:

Findest du das richtige Bild? Lies dir jeden Satz durch und streiche die Bilder durch, die nicht zur Beschreibung passen.

Mia taucht vorsichtig ihre Füße ins Wasser.

Ben sucht nach kleinen Krebsen.

Die Schwanenküken schwimmen im See

Herr Meier angelt am Steg.

Die Ente steht am Ufer.

Eine Libelle fliegt über den See.

Ein Fisch springt aus dem Wasser.

Findest du den Schatz? Lies die Anweisungen von oben nach unten und zeichne den richtigen Weg ein. Sammle die Buchstaben auf dem Weg ein. Schreibe sie unten auf.

~~Beginne beim Schiff.~~

~~Gehe 3 Schritte nach rechts.~~

Laufe nach unten bis zum Stein unter den 3 Palmen.

Drehe dich Richtung des Berges und gehe 4 Schritte.

Laufe 8 Schritte zur Hütte.

Gehe 6 Schritte nach links.

Drehe dich nach oben und gehe 4 Schritte.

Laufe nach rechts bis zum Wasserfall.

Kreise das Versteck des Schatzes ein.

Der Schatz liegt I _ _ _ _ _ _ _ _ _ _.

Seite 1

S C H M E T T E R L I N G

Seite 2

D E F | T U V | A B C

K L M | X Y Z | N O P

Seite 3

Ast	Berg	Dose	Brot	Baum
1	3	5	4	2
Gast	Foto	Heft	Esel	Hose
3	2	4	1	5
Luft	Mut	Igel	Junge	Kran
4	5	1	2	3
Nest	Nadel	Rose	Ofen	Palme
2	1	5	3	4
Ufer	Saft	Zebra	Weg	Turm
3	1	5	4	2

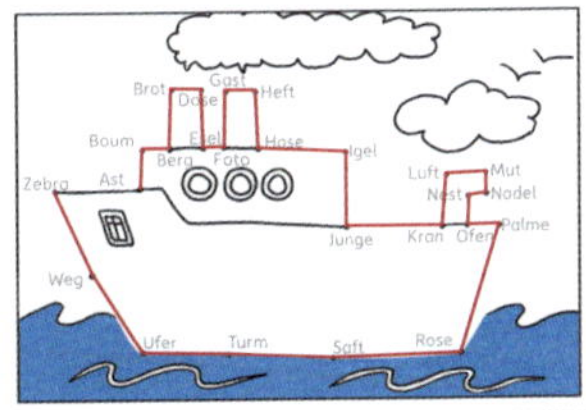

Seite 4

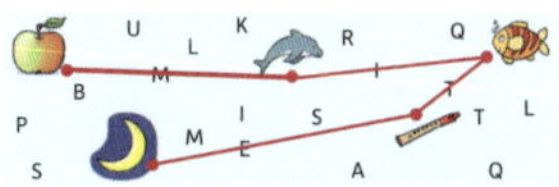

Apfel, Delfin, Fisch, Flöte,
Mond

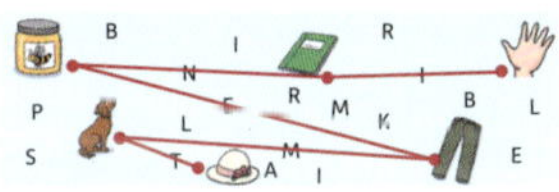

Hand, Heft, Honig, Hose,
Hund, Hut

Das Alphabet endet
M I T E I N E M T.

Seite 5

H O S E
H A S E

K U G E L
K E G E L

W A N D
W I N D

M U N D
M O N D

N A D E L
N U D E L

E I N K A U F S K O R B

Seite 6

☒ 23 ◯ 18 ◯ 15 ◯ 9

Seite 7

Brot Senf Pilze Keks Salz

Tiger Affe Zebra Löwe Regenwurm

Insel Matrose Rettungsring Kapitän Segelboot

Gartenmöbel Regenbogen Gummistiefel Mütze Sonnenbrille

Sommerferien Pflaumenbaumzweige Mundharmonika Apfelsine

Pilze
Regenwurm
Insel
Mütze
Apfelsine

P R I M A

Seite 8

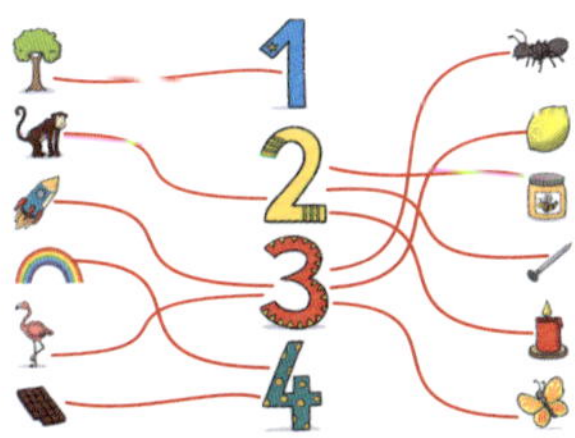

1-silbige Wörter: 1 -mal | 2-silbige Wörter: 4 -mal
3-silbige Wörter: 5 -mal | 4-silbige Wörter: 2 -mal

Seite 9

Al-le-mei-ne-Ent-chen-schwim-men-auf-dem-See,-Köpf-chen-un-ters-Was-ser,-Schwänz-chen-in-die-Höh.

Seite 10

ÄP- (durchgestrichen), TIN-, LAM-, GUR-, KÄ-, EI-, SAH-, BIR-, NU-, -FEL (durchgestrichen), -KEN, -TE, -SE, -NEN, -DELN, -NE, -PE, -ER

ÄPFEL
BIRNEN
EIER
GURKEN
KÄSE
LAMPE
NUDELN
SAHNE
TINTE

E I E R S A L A T

Seite 11

Apfel	Biene	Hase
Eimer	Käfer	Schere
Schaukel	Eule	Birne

Seite 13

geiPapa
Papagei

fantEle
Elefant

dioRa
Radio

kelFer
Ferkel

bärEis
Eisbär

scheKut
Kutsche

polinTram
Trampolin

Seite 14

P	I	U	Z	T	R	S	A
O	D	G	U	R	K	E	S
L	F	G	L	K	J	G	M
I	B	N	A	P	F	E	L
Z	V	C	Q	O	W	L	E
I	G	E	L	R	T	Z	U
S	A	D	H	K	L	I	O
T	R	B	A	U	E	R	L

Seite 15

die Wanne	das Bein	der Löwe
die Tanne	der Stein	die Möwe
der Topf	der Wind	die Hose
der Zopf	das Kind	die Rose
das Haus	die Schnecke	die Leiter
die Maus	die Ecke	der Reiter

Seite 16

Seite 17

eine Laus	eine Maus
ein Hund	ein Hamster

eine Ente	eine Raupe
ein Schwein	ein Igel

B O B B Y

Der Hund heißt Bobby.

Seite 18

der Füller
das Heft
die Tinte

der Löffel
das Messer
die Gabel

das Buch
die Puppe
der Ball

B E G L E I T E R

Seite 19

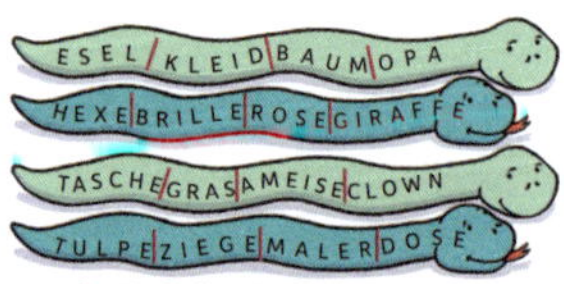

Tiere: der Esel, die Giraffe, die Ameise, die Ziege

Pflanzen: der Baum, die Rose, das Gras, die Tulpe

Dinge: das Kleid, die Brille, die Tasche, die Dose

Personen: der Opa, die Hexe, der Clown, der Maler

Lösung: L A T E R N E

Seite 20

Seite 21

Seite 22

Seite 23

Seite 25

1 ZIEGENBART
2 VOGELEI
3 SCHILDKRÖTE
4 HUNDEKUCHEN
5 SCHAFWOLLE
6 EISBÄR
7 HAMSTERRAD
8 SCHNECKENHAUS
9 KUHMILCH

Seite 26

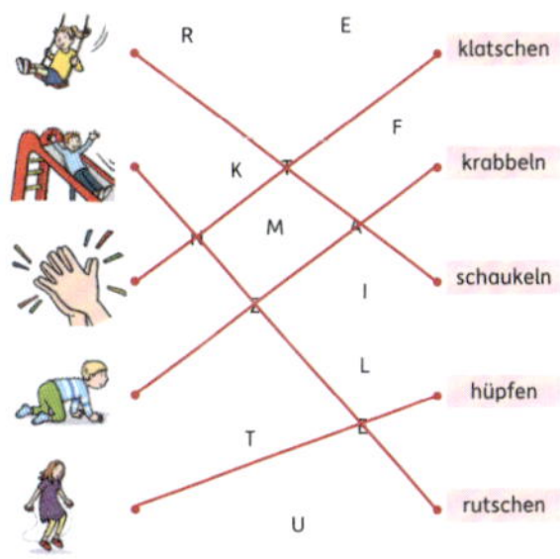

Am liebsten T A N Z E ich.

Seite 27

w	x	t	x	x	x	x	x	x	r			
e	x	u	x	x	x	x	x	x	e	x	x	x
r	x	r	u	t	s	c	h	e	n	x	x	x
f	x	n	x	x	x	x	x	x	n	x	x	s
e	x	e	x	x	w	i	p	p	e	n	x	p
n	s	n	x	x	x	x	x	x	n	x	x	r
x	c	x	x	x	x	x	x	x	x	k	x	i
x	h	x	x	x	x	s	p	i	e	l	e	n
b	a	u	e	n	x	x	x	x	x	e	x	g
x	u	x	x	x	x	x	x	x	x	t	x	e
x	k	x	x	x	x	x	x	x	x	t	x	n
x	e	x	x	x	x	x	x	x	x	e	x	x
x	l	a	c	h	e	n	x	x	x	r		
x	n	x	x	x	x	t	o	b	e	n		

Seite 28

duschen: Ihr duscht.

tauchen: Moritz und Jonas tauchen.

schwimmen: Wir schwimmen.

werfen: Ich werfe.

rudern: Du ruderst.

bauen: Lina baut eine Sandburg.

Seite 29

Frau Schröder liest (lesen) eine Geschichte vor.
Leon malt (malen) ein Bild dazu.
Emily flüstert (flüstern) Lara heimlich etwas ins Ohr.
Julian schaut (schauen) aus dem Fenster.
Maries Füller kleckst (klecksen) ins Heft.
Paul wippt (wippen) mit den Füßen.
Mathilda muss (müssen) mal aufs Klo.
Oskar und Max verabreden sich (sich verabreden) später zum Fußballspielen.
Die Schulglocke läutet (läuten) und die Schule ist (sein) aus.

Seite 30

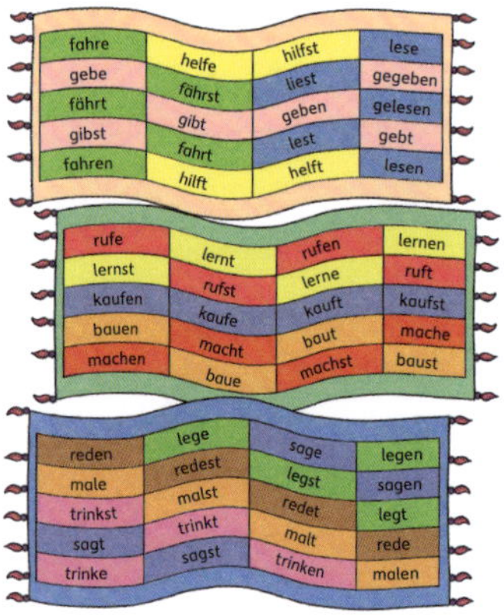

Seite 31

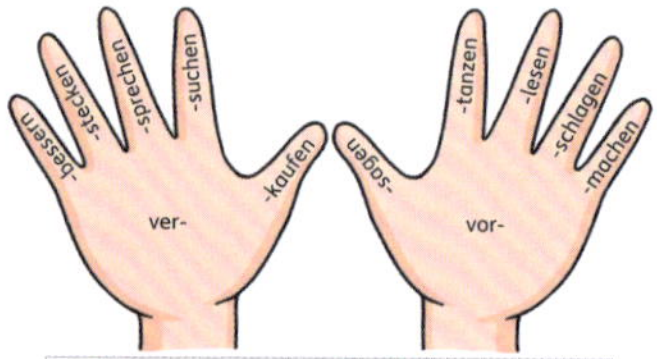

verbessern, verstecken,
versprechen, versuchen,
verkaufen, vorsagen, vortanzen,
vorlesen, vorschlagen,
vormachen

- ☐ vorsuchen
- ☒ versagen
- ☒ vorsprechen
- ☒ vertanzen
- ☐ vorbessern
- ☒ verlesen

Seite 32

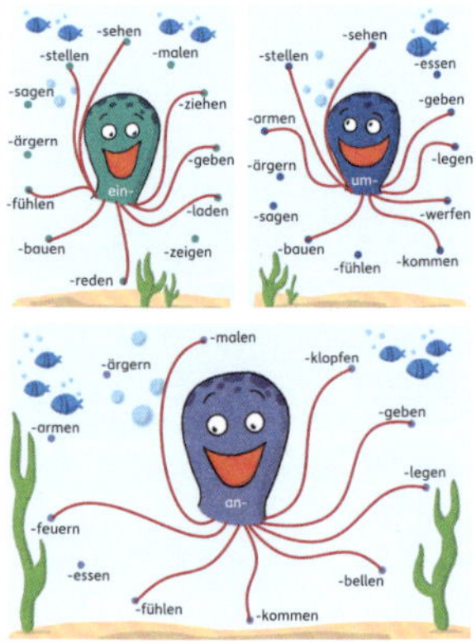

Seite 33

Hurra, das sind alle Fehler !

Seite 34

~~groß~~ ~~klein~~ ~~lieb~~ ~~schwarz~~ ~~grau~~ ~~weiß~~ ~~leise~~ ~~dünn~~ ~~bunt~~ ~~schnell~~ ~~lang~~ ~~kurz~~ ~~dick~~ ~~laut~~ ~~langsam~~ ~~böse~~

schnell – langsam
lieb – böse
groß – klein
bunt – grau
kurz – lang
laut – leise
schwarz – weiß
dick – dünn

Seite 35

grün | stachelig | sauer
rot | lang | krumm

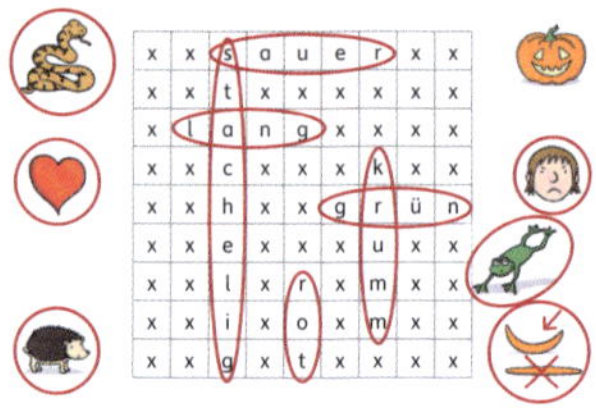

x	x	s	a	u	e	r	x	x
x	x	t	x	x	x	x	x	x
x	l	a	n	g	x	x	x	x
x	x	c	x	x	x	k	x	x
x	x	h	x	x	g	r	ü	n
x	x	e	x	x	x	u	x	x
x	x	l	x	r	x	m	x	x
x	x	i	x	o	x	m	x	x
x	x	g	x	t	x	x	x	x

K Ü R B I S

Seite 36

Es war einmal eine s c h ö n e Prinzessin.

Sie lebte in einem p r ä c h t i g e n Schloss.

Sie hatte ein n i e d l i c h e s Hündchen und einen r i e s i g e n Drachen.

Nachmittags gab es immer für alle f r u c h t i g e n Kuchen, dazu f r i s c h e Sahne und eine s a f t i g e Himbeere oben drauf.

C e c i l i a

Seite 37

klein eckig flauschig schmutzig

das kleine Ferkel

das kleine , schmutzige Ferkel

gelb müde gefleckt heiß

das müde Kalb

das müde , gefleckte Kalb

gelb hart mechanisch flauschig

das gelbe Küken

das gelbe , flauschige Küken

Seite 38

Ein D I N O S A U R I E R vor einer P A L M E

Seite 39

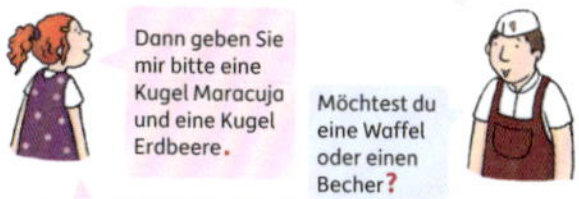

Haben Sie die Sorte Maracuja?

Ja, haben wir.

Dann geben Sie mir bitte eine Kugel Maracuja und eine Kugel Erdbeere.

Möchtest du eine Waffel oder einen Becher?

Ich nehme eine Waffel.

Das macht drei Euro.

Seite 40

Schnecken leben an Land oder auch im Wasser.

Viele Landschnecken tragen ein Gehäuse auf dem Rücken.

Der Fuß ist ihr größter Körperteil.

Im Winter ziehen sie sich in ihr Gehäuse zurück.

Seite 41

gestern hat es den ganzen tag geschneit.
G T

elena und lisa möchten einen schneemann bauen.
E L S

sofort nach dem frühstück ziehen beide ihre jacke einen
S F J

schal die stiefel und ihre handschuhe an.
S S H

schnell laufen sie aus dem haus und machen sich ans werk.
S H W

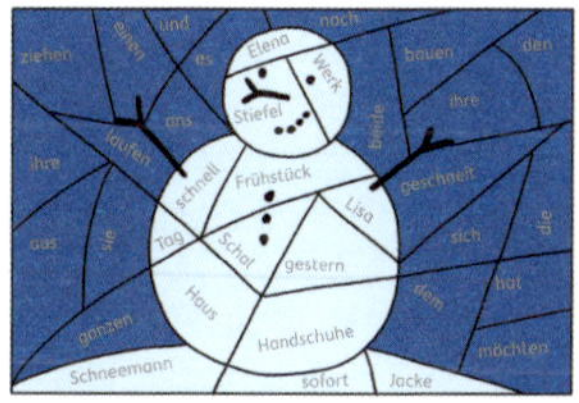

Seite 42

So oder ähnlich könnte deine Bastelanleitung lauten:

~~stecken~~ - Bambusröhrchen - Dose

Als Erstes stecke ich die Bambusröhrchen in die Dose.

kürzen - lange Röhrchen - Säge

Dann kürze ich die Röhrchen, die zu lang sind, mit der Säge.

befestigen - Schnur - Dose

Jetzt befestige ich eine Schnur an der Dose.

aufhängen - Insektenhotel - draußen

Schließlich hänge ich das fertige Insektenhotel draußen auf.

Seite 43

Seite 44

	-er	-el	-en
Drei Kind er sind bei Mia zu Besuch.	(P)	E	T
Sie will ihren Freund en heute die Rosen zeigen.	R	U	(E)
Mias Vat er hat sie im Mai gepflanzt.	(T)	A	S
Alle gehen zusammen in den Gart en .	S	N	(E)
Die Vög el singen.	B	(R)	T
Alle bestaunen die Blum en .	B	A	(S)
Plötzlich kommt Reg en auf.	N	L	(I)
Alle rennen ins Haus. Mia schaut traurig aus dem Fenst er .	(L)	N	I
Sie sagt: „Jetzt werden die Ros en alle ganz nass."	R	L	(I)
„Das macht nichts", meint Papa. „Die Rosen freuen sich über das Wass er ."	(E)	A	N

Lösungswort: P E T E R S I L I E

Seite 45

StSpiuftr

SchStearfn

StSchiorfcfh

SpSchinelee

StSchraweßien

SchSpieugehl

SpSchirirmtze

SchSteauikenl

Seite 46

Seite 47

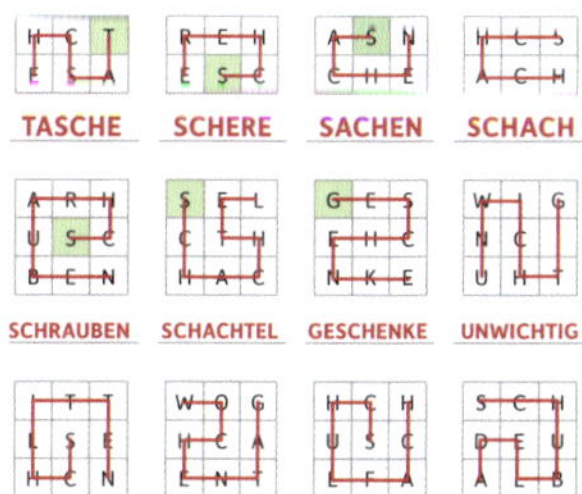

TASCHE SCHERE SACHEN SCHACH

SCHRAUBEN SCHACHTEL GESCHENKE UNWICHTIG

SCHLITTEN WOCHENTAG SCHULFACH SCHUBLADE

☒ Schachtel
◯ Schere

◯ Wochentag
☒ Schach

☒ Schulfach
◯ Geschenke

Seite 48

Drache		Buch		Elch	
~~icha~~	acht	ach	~~achts~~	achte	~~öchte~~

Milch		Woche		Rauch	
ichtig	~~uch~~	~~uch~~	och	ach	~~euch~~

lachen		Bauch		fauchen	
~~obach~~	leuch	icht	~~ich~~	~~ich~~	prech

leicht		frech		Dach	
~~uche~~	üche	rrlicht	~~ch~~	och	~~ach~~

M**icha** geht n**achts** spazieren. Er m**öchte** seine Großmutter bes**uch**en, um ihr einen K**uch**en zu bringen. Die Glühwürmchen l**euch**ten um ihn herum. Er be**obach**tet sie ganz gespannt. „Oma wird s**ich** darüber freuen", ist er s**ich** er. „Den K**uche**n habe i**ch** selbst gem**ach**t!"

Seite 49

1	Pfau
2	Pfeil
3	Apfel
4	Tropfen
5	Pflanze
6	Knopf
7	Pferd
8	klopfen
9	Kopf
10	Topf
11	hüpfen
12	Pfanne

Seife	Pfeife	Zoo	Zopf
glücken	pflücken	Dame	Dampf
Ton	Topf	Note	Pfote
Adel	Apfel	kämmen	kämpfen

Seite 50

~~G~~	E	I	~~U~~	~~T~~	O
~~H~~	G	~~I~~	N	A	~~N~~
~~G~~	H	~~E~~	K	~~H~~	E
Ä	~~Ö~~	~~R~~	E	~~T~~	G

G U T H I N G E H Ö R T !

Seite 51

bequem, Qualität, Quitte, Quiz, Qual, (Quallen), Quitte, Qual, Quiz, quatschen, (quer), (Quelle)

Quiz, quatschen, Qual, (überqueren), bequem, Qualität, (Quark), quatschen, bequem, Quitte, (quaken), Qualität

Aquaria ist ganz aufgeregt. In ihrer **Quelle** steigt eine große Party! Sie hat schon alles vorbereitet. Die Ballons fliegen kreuz und **quer**, die Frosch-Band ist bereit, ihre Lieder zu **quaken** und den **Quark**kuchen hat sie auch schon gebacken. Sogar die **Quallen** sind dabei. Dafür mussten sie nur den Ozean **überqueren**. Das wird ein Fest!

Seite 52

Pullover	Klavier
Violine	vier
Vampir	Vase
Vulkan	Vater
Vogel	Villa

Seite 53

Waagerecht: TYP, MAILBOX, AXT, PYRAMIDEN, HOBBY, HYPE, LEXIKON, TEDDY

Senkrecht: YAK, FIX, TEXT, PARTY, TAXI, BABY, LABYRINTH, NIXE, HEXE, OKAY, HANDY, PONY

Seite 54

1 NEIN, 2 LEIHEN, 3 HEIMWEG, STEIN, 4 EIN, SEIL, 5 ZEIT, ZEITUNG, BEIN, EIMER, 6 KLEIN, 7 WEIT, EIS, KLEIDER, LEITER, EI, 8 PAPAGEI, PREIS, REIS

Lösung: Z W I E L A U T

Seite 55

S	Ä	P	F	E	L	E	T	U
G	V	S	H	Ä	U	S	E	R
L	U	E	R	T	E	N	M	I
R	Ä	D	E	R	R	B	K	J
X	B	Ä	U	M	E	B	R	N
E	R	F	U	N	I	O	U	A
B	Ä	N	K	E	K	L	U	I
S	T	R	Ä	U	C	H	E	R

S	C	H	R	Ä	N	K	E	W
I	R	T	E	N	M	A	S	L
F	R	W	Ä	L	D	E	R	O
K	D	R	Ö	Z	Ä	U	N	E
O	B	Ä	L	L	E	X	R	S
N	V	F	K	L	Ä	U	S	E
J	A	Z	R	U	T	E	M	P
M	T	Ä	S	T	E	C	H	O
F	Ä	U	S	T	E	X	Ä	C

Seite 56

Zahl: Z Ä H L E N

AINZÄHLENERZEHNERZEIGERKAUGZANGENANRIOP

fahren: F Ä H R T

PFAHLULZFAUSTLKOFÄHRTNERZÄFÄNGERKEHRÄNTE

laufen: L Ä U F E R

GELÄUTFERGLÄUSEDFPEOLÄUFERNERRLAUBENJDER

Zaun: Z Ä U N E

ERAZÄHNEUNZÄUNEZAUBERHEBIOZEUGENOGHIZÄH

Haufen: A N H Ä U F E N

HÄUPTEREHRIHÄFENJHNHAUBENLKHÄHNEANHÄUFEN

Tag: T Ä G L I C H

ERKTÄGLICHOPTANKERTZUTRÄNKEKEHRTEERMUNTEN

Magen: M Ä G E N

UEDGMÄCHTEMAUERNDSOAMAGIERBSPAMÄGENSIS

Lösungssatz: G U T G E M A C H T !

Seite 57

er tr	e **ä**	gt	B	**eu** äu	le	E **Ä**	rger
L	**e** ä	nker	L	**eu** äu	te	E **Ä**	rmel
B	e **ä**	nke	B	eu **äu**	me	**E** Ä	ltern
Tr	e **ä**	ger	er tr	eu **äu**	mt	E **Ä**	ste
er schl	e **ä**	ft	Sch	**eu** äu	ne	**E** Ä	rbse
sie sch	**e** ä	nkt	Fr	**eu** äu	nde	e **ä**	ndern
W	**e** ä	g	S	eu **äu**	le	**e** ä	nden

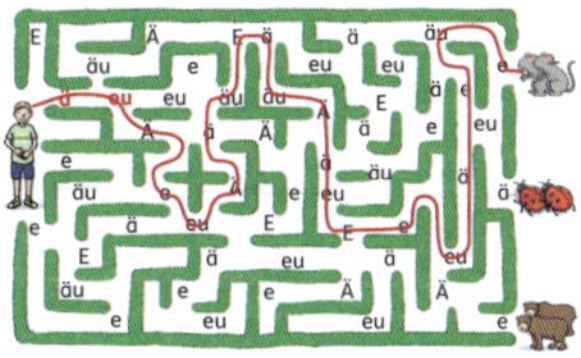

Seite 58

Auf dem Baum sitzt eine **E U L E**.

Vor dem Zaun siehst du zwei **M Ä U S E**.

Im **E I M E R** ist Sand.

Das **H A U S** ist weiß.

Seite 59

	g	k		g	k
die Köni **g** e	**W**	D	der Köni **g**	**M**	D
die Bän **k** e	B	**I**	die Ban **k**	B	**I**
die Ber **g** e	**R**	S	der Ber **g**	**T**	S
die Geschen **k** e	S	**F**	das Geschen **k**	S	**D**
die Zü **g** e	**A**	K	der Zu **g**	**E**	K
die Schrän **k** e	M	**H**	der Schran **k**	N	**M**
die Zwer **g** e	**R**	A	der Zwer **g**	**Z**	A
die Fabri **k** en	I	**E**	die Fabri **k**	K	**U**
die Bur **g** en	**N**	O	die Bur **g**	**G**	L

W I R F A H R E N M I T D E M Z U G.

Seite 60

	d	t		d	t
die Hun **d** e	**→**	↘	der Hun **d**	**↘**	←
die Boo **t** e	↘	**↗**	das Boo **t**	↘	**↙**
die Bär **t** e	↘	**→**	der Bar **t**	↗	**←**
die Zel **t** e	←	**↘**	das Zel **t**	→	**↖**
die Hän **d** e	**→**	↘	die Han **d**	**←**	↘
die Pfer **d** e	**→**	↗	das Pfer **d**	**←**	↖
die Rä **d** er	**→**	↗	das Ra **d**	**←**	↘
die Elefan **t** en	↘	**↗**	der Elefan **t**	→	**↙**
die Kin **d** er	**→**	↖	das Kin **d**	**←**	↗
die Bro **t** e	↗	**↘**	das Bro **t**	↘	**↖**
die Län **d** er	**↙**	←	das Lan **d**	**↗**	←

START

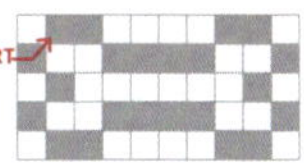

Seite 61

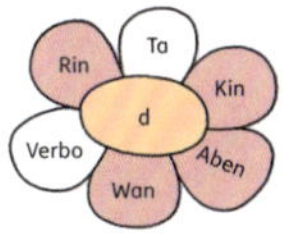

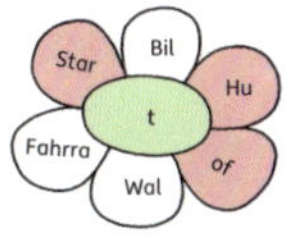

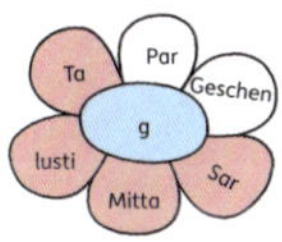

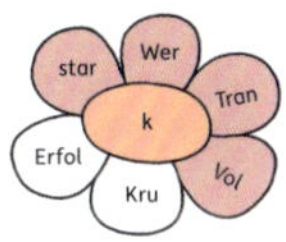

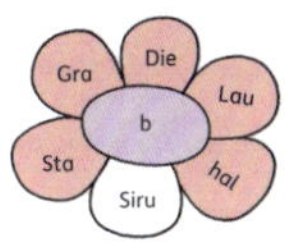

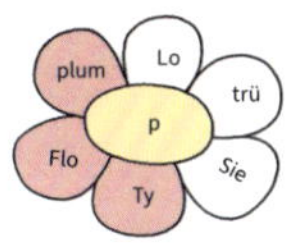

Seite 62

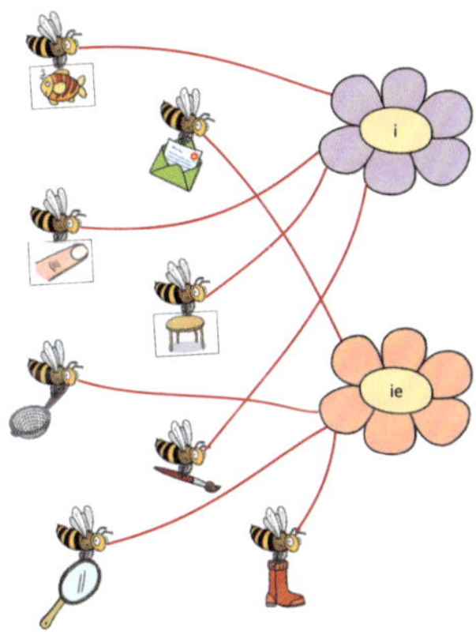

Seite 63

T **i** ger i(12) ie(4)	L **i** la i(10) ie(2)	Fl **ie** ge i(7) ie(9)
T **i** nte i(4) ie(12)	s **ie** ben i(11) ie(3)	Krokod **i** l i(1) ie(8)
Mus **i** k i(8) ie(9)	l **ie** ben i(5) ie(6)	Sp **ie** l i(1) ie(2)
S **ie** g i(9) ie(5)	K **i** rsche i(11) ie(6)	Klav **ie** r i(12) ie(7)

Seite 65

Seite 66

1 **KETTE** WANNE PUPPE	2 SUPPE BLATT **WELLE**	3 WASSER **HIMMEL** RENNEN	4 MUTTER **FÜLLER** SOMMER
5 GEWINN SCHIFF **LÖFFEL**	6 **TEPPICH** DROSSEL STARREN	7 **GASSE** GULLI STAMM	8 BETT **KAMM** WANN
9 ESSEN **TANNE** KELLE	10 BLATT **STATT** RATTE	11 SINN SATT **TIPP**	12 WENN **NETT** SOLL
13 **WOLLE** KANNE INNEN	14 **IMMER** WANNE BRETT	15 TONNE **RATTE** LASSO	16 **LAPPEN** MESSER TELLER

Seite 67

Seite 68

x	S	A	T	Z	x	x	x	x	x	x	x	x	x
x	C	x	x	x	x	L	A	K	R	I	T	Z	E
S	H	x	K	R	A	T	Z	E	N	x	x	Z	x
C	A	x	A	T	A	T	Z	E	x	x	x	E	x
H	T	x	T	N	E	T	Z	x	x	B	x	R	x
L	Z	x	Z	x	x	x	x	x	x	L	x	F	x
I	U	x	E	x	K	I	T	Z	x	I	x	E	x
T	L	x	x	x	W	I	T	Z	x	T	x	T	x
Z	E	x	x	x	x	P	L	A	T	Z	x	Z	x
x	T	P	U	T	Z	L	A	T	Z	x	x	E	x
x	Z	x	x	x	x	x	x	x	x	x	x	N	x
x	T	R	O	T	Z	x	G	L	A	T	Z	E	x
x	K	L	O	T	Z	x	x	H	I	T	Z	E	x

Jenny möchte zum

S P I E L P L A T Z.

Seite 69

1. ⚡: B L I T Z
2. Lautes Krachen bei Gewitter: D O N N E R
3. Das Gegenteil von nass: T R O C K E N
4. : R I T T E R
5. : S O N N E
6. Kuchen machen: B A C K E N
7. : M Ü T Z E
8. Auf einem Stuhl kann man S I T Z E N.
9. Tut man sich weh, ist man V E R L E T Z T.

Es ist K A T Z E M I N N I,
die sich unter der D E C K E
V E R S T E C K T.

Seite 70

Lösung: M Ä H N E

Seite 71

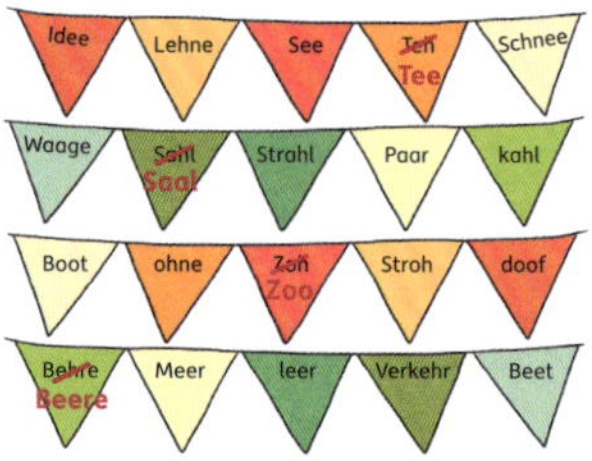

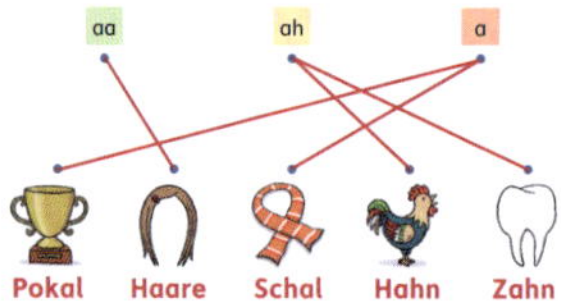

Seite 72

Seite 73

Bonbon	Burger	Croissant	Pizza
Croissant	Pizza	**Bonbon**	**Burger**
Burger	**Bonbon**	Pizza	**Croissant**
Pizza	Croissant	Burger	Bonbon

Cabrio	Clown	**Comic**	Couch	Cent	Chips
Couch	Comic	Chips	**Cent**	Cabrio	**Clown**
Chips	**Cent**	Clown	**Cabrio**	Comic	Couch
Clown	**Chips**	Cent	Comic	**Couch**	Cabrio
Comic	Couch	Cabrio	Chips	Clown	Cent
Cent	Cabrio	**Couch**	Clown	**Chips**	Comic

Seite 74

- [x] Marie liest gerne Bücher.
- [ ] Marie frisst gerne Bücher.
- [ ] Marie schnitzt gerne Bücher.

- [ ] Wieso alt bist du?
- [x] Wie alt bist du?
- [ ] Wann alt bist du?

- [ ] Finn erzählt einen Flitz.
- [ ] Finn erzählt einen Blitz.
- [x] Finn erzählt einen Witz.

- [x] Charlotte geht spazieren.
- [ ] Karotte geht spazieren.
- [ ] Krawatte geht spazieren.

- [ ] Wirf du Ball!
- [x] Wirf den Ball!
- [ ] Wirf das Ball!

Seite 75

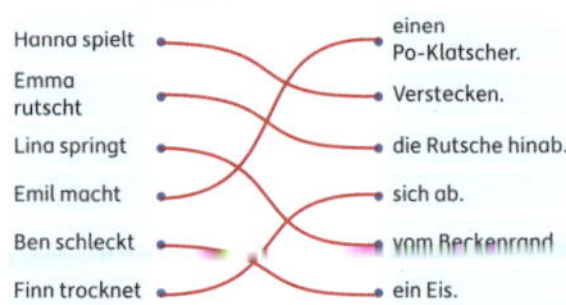

Hanna spielt Verstecken.
Emma rutscht die Rutsche hinab.
Lina springt vom Beckenrand.
Emil macht einen Po-Klatscher.
Ben schleckt ein Eis.
Finn trocknet sich ab.

Seite 76

3 Leise schleicht sich Emil auf den Flur. Eine Leiter führt auf den Dachboden. Damit das Holz nicht knarzt, steigt Emil ganz vorsichtig Stufe für Stufe hoch.

1 Emil kann nicht schlafen. Der Mond scheint viel zu hell. Da hört er über sich etwas poltern. Und dann folgt ein Trippeln, so als würde etwas auf dem Dachboden umherlaufen.

4 Oben angekommen öffnet er die Luke. Etwas huscht im Dunkeln an ihm vorbei. Fast wäre Emil vor Schreck die Taschenlampe aus der Hand gefallen. Doch nun leuchtet er damit in alle Ecken.

2 Emil gruselt sich. Was kann das sein? Dann nimmt er all seinen Mut zusammen und schnappt sich seine Taschenlampe. Die hat er stets griffbereit, schließlich ist er Pfadfinder.

5 Plötzlich erscheint im Lichtstrahl ein riesiger Schatten. „Iiiieek!“, quietscht Emil. „Iiiieek!“, quietscht auch das Ungeheuer. Was ist das? Es ist ja nur ein Waschbär, der es sich auf dem Dachboden gemütlich gemacht hat.

Seite 77

Hallo Mama und Papa,

wie geht es euch? Uns geht es super. Rügen ist total schön. Nur etwas windig ist es hier. Doch trotzdem schien die Sonne und gestern konnten wir am Strand spazieren gehen. Heute fahren wir mit dem Schiff zum Kreidefelsen. Ich bin schon sehr aufgeregt. Die Klassenfahrt macht großen Spaß, doch ich freue mich auch, wenn die Woche rum ist und ich euch wiedersehe.

Bis bald, euer Marco

Irene und Stefan Heine
Louberstraße 67
38820 Halberstadt
Deutschland

Wenn du die Teile aufgeklebt hast, beantworte die Fragen.

Wohin geht Marcos Klassenfahrt?

Die Klassenfahrt geht nach Rügen.

Wem schreibt Marco?

Marco schreibt seinen Eltern.

Wohin fährt die Klasse mit dem Schiff?

Die Klasse fährt zum Kreidefelsen.

Seite 79

Luca lässt einen gelben Drachen steigen. Der Drachen hat rote Bänder. Luca trägt blaue Gummistiefel und eine grüne Mütze.

Oma Lene strickt einen blau-orange gestreiften Schal. Sie trägt eine Brille. Das Kätzchen spielt mit dem roten Wollknäuel.

Frau Schubert hat rote Locken. Sie trägt lila-gelb geringelte Socken und eine grüne, blau gepunktete Bluse.

Sophia pustet sieben rote Kerzen aus. Ihre Geburtstagstorte ist rosa. Sophia hat einen hellblauen Ball und ein rosa Pferd bekommen.

Seite 80

So lautet die Botschaft:

Super!

Super!

Du kannst die Geheimschrift lesen.

Du kannst die Geheimschrift lesen.

Du solltest Detektiv werden!

Du solltest Detektiv werden!

Seite 81

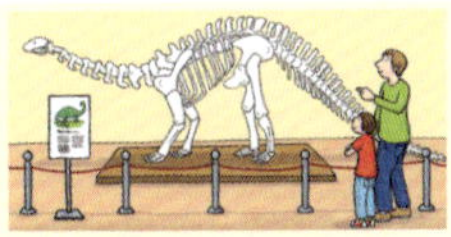

Linus besucht mit seinem Papa ~~Im~~ das Museum.

Besonders gut gefällt Linus die ~~Museum~~ Ausstellung über Dinosaurier.

Hier sieht er ~~gibt~~ ein riesiges Brontosaurus-Skelett.

Außerdem ~~es~~ entdeckt Linus versteinerte Dino-Fußspuren.

Und dann ist da ~~für~~ noch ein komischer Vogel.

Der hat Zähne und Krallen an ~~Linus~~ seinen Flügeln.

„Was ~~viel~~ hat denn dieser Vogel mit den Dinos zu tun?“, fragt Linus seinen Papa.

Papa antwortet ~~zu~~, dass aus einigen Dinos Vögel wurden.

„Dann ~~entdecken~~ sind unsere Hühner ja echte Dinos!“, ruft Linus begeistert.

Im Museum gibt es für Linus viel zu entdecken.

Seite 82

Das ist ja zum M Ä U S E M E L K E N !

Sich zum A F F E N machen.

Einen dicken F I S C H an der Angel haben.

Sei kein F R O S C H !

Zwei F L I E G E N mit einer Klappe schlagen

Da wird ja der H U N D in der Pfanne verrückt.

Übrig bleiben:

H A M S T E R und E N T E

Seite 83

So könnten deine Sätze aussehen:

Tante Gerda kullert auf dem Schrank.

Der Esel hüpft im Maisfeld.

Das Ferkel flötet in der Kiste.

Hund Timmy schnattert im Teich.

Doktor Blinzel backt auf dem Mond.

Der Traktor schnarcht auf dem Drahtseil.

Seite 84

Sie arbeitet zum Beispiel im Restaurant und macht das Essen.

Er kümmert sich um Haare und macht Frisuren.

Sie streicht die Wände mit Farbe.

Er backt Brot und Brötchen.

Sie kümmert sich um Menschen, die krank sind.

A U T O R

Seite 85

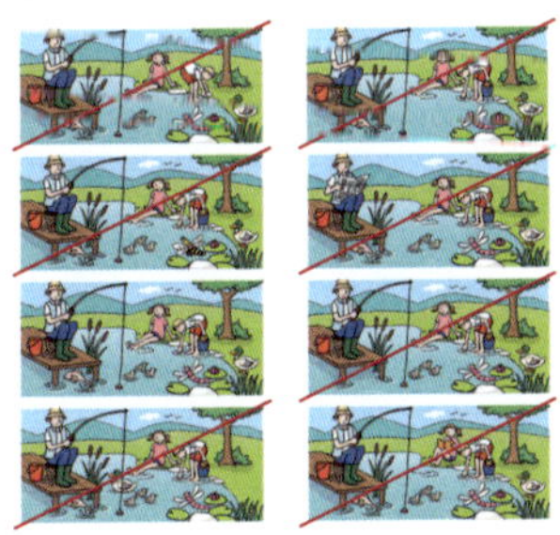

Seite 86

Der Schatz liegt I N D E R H Ö H L E.